# El Bolero

Iris M. Zavala

Iris M. Zavala

# El Bolero

## Historia de un amor

CELESTE

© 2000, IRIS M. ZAVALA

Copyright de esta edición:
© 2000, CELESTE EDICIONES, S.A.
Fernando VI, 8, 1.° 28004 Madrid
Tel.: 91 310 05 99. Fax: 91 310 04 59
E-mail: celeste@fedecali.es
www.celesteediciones.com

TIPOGRAFÍA DE CUBIERTA: Alfonso Meléndez
DISEÑO DE INTERIOR: Celeste

ISBN: 84-8211-262-7
DEPÓSITO LEGAL: M-20.380-2000

Impresión: Fareso, S.A.
Impreso en España - *Printed in Spain*

...EN EL PRINCIPIO FUE LA VOZ QUE DEJÓ SU HUELLA EN LA PALABRA PARA SURGIR... EL BOLERO

*A Raffi Rodríguez a quien tanto quise.*
*Y a Ruth Fernández y Lucecita Benítez.*

# Índice

# *Prólogo*

## PLATÓN, HEGEL, LACAN Y AGUSTÍN LARA

COMO ASPIRANTE A ROMANISTA, YO estaba obligado a saber quién era Iris M. Zavala, la autora de *Masones, comuneros y carbonarios; Fin de siglo: modernismo, 98 y bohemia; Alejandro Sawa: Iluminaciones en la sombra; Unamuno y el pensamiento dialógico.* Afortunadamente para el romanismo, y más concretamente para el hispanismo, dejé de competir tempranamente con Iris M. Zavala, pero ella se vino a mi terreno escribiendo una novela, *El libro de Apolonia,* y un ensayo sobre el bolero, *El bolero historia de un amor,* publicado en 1991 por Alianza, ahora corregido y aumentado en esta edición de Celeste. Considero *mi terreno* el bolero porque desde mis poemas veinteañeros, *Una educación sentimental,* al próximo *Cancionero General del Franquismo,* pasando por *Crónica sentimental de España* he sostenido que la canción popular entendida no como canción tradicional sino como la canción de consumo mediáticamente propiciada, tiene el inmenso valor que le da a veces la calidad letrista y musical, pero siempre el uso que de ella hace la sentimentalidad popular. Como toda obra literaria o artística, el bolero depende de sus autores y de sus receptores, en ese juego de complicidad creadora que Goethe y los ilustrados ya suponían entre la operación de escribir y la de leer. Es imposible inventariar la conciencia social existente y propiciada por el poder a través de la industria cultural o del simple dirigismo, sin comprender el papel que desde hace unos setenta años desempeñan los medios de inculcación de consumo cultural y la función que en ese consumo desempeña la canción como portadora de pautas de imaginación, de ideología y conducta. El placer que Rimbaud o Eliot transmiten a los lectores de poesía culta es equivalente al que los autores de *Amar y vivir* o *Perfidia* propician a los que han comprendido que en todo bolero hay una historia de un amor como no hubo otro igual, que nos hace comprender, nada menos que… *todo el Bien, todo el Mal,* y además pone luz a nuestras vidas. La tía Helen de Eliot, que forma parte de su memoria referencial y que propone a los lectores como reclamo para todas las tías Helen, se transforman en una heroína o antiheroína de canción que ayuda al oyente a insertar a su tía real en la novelización de su propia memoria sentimental y la altísima reflexión de Pavese sobre *Il mestiere di vivere,* el oficio de vivir, un bolero la zanja en pocos versos: *Se vive solamente una vez/ hay que aprender a querer y a vivir/ no quiero arrepentirme después/ de lo que pudo haber sido y no fue.*

Se había abordado la canción popular contemporánea, bien desde la perspectiva erudita de encontrarle las raíces en el cancionero tradicional o bien desde el sociologismo que indaga la transmisión de ideología de los cancioneros desde los tiempos de la prerrevolución francesa, cuando cumplieron entre las masas papeles equivalentes a los cumplidos por los enciclopedistas entre las elites. Iris M. Zavala tiene el bolero en el corazón y en la memoria, que es donde hay que tenerlo, pero lo aborda con un instrumental analítico de altas cejas para el que convoca incluso a Lacan o a Hegel. El bolero de Lacan diría que necesitamos la ley para ser inmensamente pecadores y me recuerda unos versos de la copla *La Guapa. Y al preguntarme los jueces/ por qué en el banquillo estás/ Yo les respondí mil veces/ que por guapa y nada más/ Por guapa, por guapa, por guapa.* El bolero de Hegel diría que el deseo del ser humano es el deseo del otro y ahí están los desgraciados y las desgraciadas de bolero buscando al otro por donde quiera que van. No habría bolero, como no habría tango sin la ansiedad del otro, la nostalgia del otro; en cambio, otro espléndido sistema narrativo como es el corrido está hecho para la épica tanto o más que para la lírica.

Bolero, corrido, tango, copla española (la más entroncada con la tonadilla escénica) son sistemas narrativos perfectos que en dos minutos o algo más te pueden contar *Madame Bovary* o *Guerra y Paz,* pero gracias a Iris M. Zavala sabemos que ahí están Lacan, Hegel, Platón para dar altísimo sentido a Antonio Machín, Bola de Nieve o Los Panchos, porque cualquier canción es la resultante de la eterna indagación de los seres humanos sobre necesidad y satisfacción, la dialéctica fundamental del sentimiento y de la supervivencia. Al servicio de este espléndido viaje intelectual, Iris M. Zavala pone todos sus saberes de descodificadora literaria, historiadora y cómplice de boleros y amores posibles e imposibles, sabedora que, desde Platón, el amor es el lugar privilegiado de la pasión por los signos, es decir, por las señales, y Zavala cree, como yo, que a la canción popular han llegado las grandes ideas y los grandes mitos de nuestra cultura humana, patrimonial, acumulada. Y además de este libro aprovecha todo, porque al final el lector puede echarse al cante y tratar de oírse en la interpretación de la Antología de Boleros y yo mismo no me he podido resistir a repasar todos mis fracasos amorosos con la ayuda de *Una aventura más* de Los Panchos, la canción que yo tarareaba cuando tuve mi primer fracaso amoroso. Un poco después de la guerra de Corea.

*Manuel Vázquez Montalbán*

# Si Marilyn Hubiera Cantado Boleros... Cien Años de Ausencia...

## El Bolero o Leer la Ambivalencia

H A DE EXTRAÑAR QUE COMIENCE CON EL RUBIO mito en esta autobiografía sentimental *El bolero. Historia de un amor,* que sale revestida y transformada, cuando el bolero y su historia arrastran olor a mamey, cacao, guanábana, aromas de templa recién cuajada, acompasados sonidos de trajín de ingenio cañero, sensaciones de baño turco de melaza entonado en frases de natilla, de ese idioma blando y chorreoso que arde bajo la resolana del trópico. Ese gran trópico de exuberancias, de sordas lujurias y fuertes pasiones, que llameantes revientan en canto que arde sobre la oscuridad de los ojos que el sol calienta como fuego que baja de lo alto. En suculentas metáforas se ha cantado al amor eterno (aunque se disipe con la luz del alba), al deseo como si todo fuera deliberado, fatal, profundo como el cosmos y capaz de interpretaciones sin término. Durante más de un siglo una música y una lírica han recuperado alguna pasión eterna cuando todo siempre parece conocido y explorado, en un estilo nuevo inventando siempre un amor nuevo, el amor de los amores fabulado.

### Si Marilyn hubiera cantado boleros

No, no los cantó, pero cuando yo los bailaba —ágil bayadera— en la gimnasia confusa del deseo que trenza el último compás, girábamos sobre las puntas musicales, con voladores pies calzados en su estilo, y a cada vuelta de la pierna, los largos vestidos sin hombros (de su estilo), cambiaban el ritmo y el compás. Lo que no sabíamos —aquellas negras cabezas y negros ojos tropicales— es que, llameante, reventaría en boleros y baladas amorosas cincuenta años después aquel inmenso trozo de geografía que bailaba por entonces el *foxt-trot*... intermedio para ser contrastado. *Show time... show time...* Le paso el micrófono a Ronald Christ (conocido borgiano y traductor), cuyos recuerdos de aquellos «gay fifties» contrasto con los míos. *Bip...bip...* y *zoom...* por «emilio»: A comienzos de los cincuenta yo estudiaba en el instituto (escuela superior), donde teníamos clases de baile. Nos enseñaban a ponernos siempre una pastilla de menta en la boca antes de acercarnos a la chica y nos decían que la mano teníamos que ponérsela en la cintura con el dorso en contacto con su cuerpo y la palma hacia afuera. ¡Muy poco natural! Pero se suponía —continúa Ronnie— que así evitaríamos que el sudor le manchara el vestido o la blusa. (En esa época las blusas eran de nailon y totalmente transparentes [me acuerdo... me acuerdo..., las mías también]: conocías mucho mejor la combinación y el sujetador de la chica que su personalidad [anda, qué fisgones]. Muy peculiar esa moda... Ah... no... no queda ahí. Sigamos: bailábamos —escribe— los últimos estertores del *Lindi-hop* (juro que yo sólo bailé el *Bunnie hop*... el *Lindy*... ni idea), aunque descafeinado, desprovisto del ritmo frenético que había tenido en los años de la guerra. Eran también muy populares los ritmos latinos, sobre todo la rumba (Carmen Miranda sin duda, con *Chica chica bum*), la samba y un poco después el mambo (*Mambo... jú... tarara tará... tarara... tará...*); estamos, claro, en la época de oro de la famosa "Política del Buen Vecino" (Good Neighbour Policy), o Nuevo Trato, de F.D. Roosevelt, añade Api... Y sigue Ronnie: Por supuesto el *fox-trot* era fundamental para poder hacerse con todos los bailes románticos (nuestro particular bolero). Y paro de contar... mientras yo —ágil bayadera— bailaba boleros, Ronnie enloquecía con el Baile del Calcetín en el que todos se quitaban los zapatos y bailaban con los calcetines blancos... y se deslizaban por el suelo descalzos... Punto y aparte. ¡Anda que no hay diferencias entre Latinoamérica y la América sajona! Prosigamos.

*Bolero...* que es decir amor, celos, engaños, y amor quiere decir *b o l e r o*. Un siglo de «te quiero», y «olvídame», y «escucha»: es el amor que nace con el milenio. Es el libro infinito, el rollo circular cuyo perímetro es incalculable y su lectura inacabable; boa constrictor de discursos, camaleón de fuga al infinito, Biblioteca de Babel de citas, «that's my baby»... Canto del deseo, voyerismo, o sólo inocente observador casual... sigamos. Este discurso fronterizo, este sincretismo del discurso americano que es el bolero, donde se superponen como rascacielos hacia abajo, África, Europa y América, es un híbrido de interminables combinaciones, lo que permite los desplazamientos, despierta lo heterogéneo, lo fragmentario, la cita reacentuada, el cruce de fronteras, la volatilización de géneros, la heteroglosia, la poliglosia, la palabra referida, los juegos de lenguaje que se mezclan en contradicciones, en ironías, agudezas, parodias; aún más, se produce el encuentro entre el lenguaje y *la-lengua*. La mezcla de ambos crea la contingencia y las discontinuidades que afectan a todos los discursos y la existencia misma del Otro. Se autocita, se repite, se muerde la cola, se autoparodia; es la dispersión, siempre reconquistada... en síncopa.

*Olga Guillot.*

Dije milenio, modernismo que es decir amor cortés, sin olvidar que hay una función ética en el erotismo, que todo erotismo consiste en definir y ordenar de manera normalizada; la erótica regla la distancia. Con el bolero se inician nuevas normas; o, mejor, se reacentúan todas esas formas de amar; está incorporado a nivel profundo, a nivel silencioso, en superimposición de voces. Trampantojo de citas y remisiones, es ambivalente, ambiguo, andrógino y bisexual, y por eso siempre es joven; se rejuvenece con cada generación, y las palabras aseguran la doble expresión sexual. Cada bolero da una nueva demostración del arte de la alusión, que le es indispensable para decir y no decir, para dejar entender y rechazar lo entendido. A veces la letra —aquel que habla— se deja llevar a decir una cosa distinta de la que quería. A veces es lo que Antonio Gala llama una comunidad pitagórica en *La pareja de tres*. Pero... pero... *stop*... manifestación de lo que es la relación sexual, se basa en la ambivalencia del lenguaje.

*Ambigüedad*

Ha sido éste un paréntesis para ser pensado. Vayamos al grano. Y ahora escuchemos, agudicemos el oído... y recordemos *Tú me acostumbraste* (inimitable en la voz de tragedia griega, de esa Fedra, Antígona o Medea antillana que se llama Olga Guillot), tenemos razones de peso: confrontar o aceptar eso que se llama ambigüedad. La palabrita es tramposa —como todo vocablo un saco de gatos—, pero aquí la emplearemos en su acepción de lo impreciso, como aquel género de palabras que pueden usarse como masculinas o como femeninas (el mar, la mar). Pues eso es el bolero —y con mayor precisión —este bolero en particular de Frank Domínguez, que desmenuzaremos. Ambiguo porque el tú y el yo son imprecisos, cambian, se transmutan para el oyente. Antes de entrar por esos atolladeros, un par de aclaraciones. Comenzando con la ambigüedad y recordemos ese bolero, escrito para quien es hoy un conocido hispanista, de cuyo nombre no quiero acordarme, que diría don Quijote —que sin duda hubiera cantado boleros por esos mundos de España si éstos hubieran existido, y se los habría cantado a la sin par Dulcinea del Toboso—. Mientras Sancho hubiera canturreado una *Pervertida* (de Agustín Lara), a la Maritornes...

De tal manera que los textos no siempre se hacen desde la posición masculina; los boleristas juegan a la ambigüedad sexual, pero al mismo tiempo —hombre/mujer, mujer/mujer, hombre/hombre, que éstas son las variaciones— dicen el goce, en una liberalización extraordinaria. Y si toda erótica incluye un principio de privación metódica (para Lacan necesitamos la ley para ser inmensamente pecadores), el bolero expresa la política de la diferencia. Y no son éstas sólo las cuestiones fronterizas que plantea. Retomaré —tejeré y destejeré el hilo— de cómo al reconocer el deseo en cuerpo del otro, el intercambio se efectúa.

Perdón... perdóname... en el bolero el tema hegeliano fundamental reaparece: que el deseo del ser humano es el deseo del otro. Y claro, de formas confusas, el deseo se capta en el otro, y aparecen la rivalidad, la competencia, los celos. Su discurso moderno intenta a toda costa afirmar que «eso —es decir, la unión de dos— funciona». Vano empeño. Eros —hemos de repetirlo muchas veces— es hijo de la Penuria y de las artes hechizantes y retóricas del sofista Poros. Así se detiene, se rodea el deseo, no se le hace visible, para no hacerlo vulnerable. *Bis... bis...* y es... *precoital,* pues el goce fálico «cuando termina, termina» (dice Lacan). El *post coitum* es un animal triste, no la mujer, la única cuyo goce excede el falo (*El atolondradicho* articula estos goces). La acotación bromista nos permite una evocación valeriana, «Decepcionar, divisa de un dios, quizá»; el ritmo de bolero, que hace esperar la demanda. ¿Siempre lo mismo?, ¿nos conduce por vías del hábito?, no lo creo, porque el secreto está en que todo patito feo se transforma en cisne, y así insigne (y reconduzco por otros caminos la filosofía del deseo)... se trata de que la letra nos interese más allá del aburrimiento. En este oceáno de discursos, ya sabemos que si hay significantes, nunca son idénticos a ellos mismos. Y… claro… por eso es moderno/modernista y sobrevive, porque expresa la pasión del neurótico, para quien el dolor es la mejor forma de expresar la existencia. Como sufrimos por falta de ser, nada como el dolor para probar la existencia, siempre y cuando intervenga el deseo. «No, no me dejes sola, mira que me muero/ si no estoy contigo…» ¡Anda ya!, que algo de masoquismo hay; siempre un Otro que hace sufrir. Y, claro, hay pasión cuando hay sufrimiento testimoniante, cuando está presente la mirada del Otro; lo repito, y es el *leitmotiv* desde hace un siglo: «mírame», «escúchame». El objeto del deseo se convierte en el poema, no en el poeta. Es la locura del amor, el sueño de hacer de dos, uno solo; así anda siempre en un callejón sin salida con la versión despechada, pues la unión con la que sueñan los amantes es imposible. Ese *amol* ha abierto imperiosamente —aunque lateralmente— caminos a seguir, y… está siempre constantemente perdido y constantemente por buscar, presencia de una ausencia, siempre.

*Te he buscado por doquiera que voy yo…*

Dije que la lírica y la música se incorporan a nivel profundo. Y paso a una extensa digresión, dándole cuerpo a mis nostalgias y recuerdos. No conozco a nadie que no haya cantado boleros, ni a nadie que no haya temblado de emoción ante una canción romántica. Y este nadie pese a las diferencias de edad y seguramente también pese a las diferencias de género sexual. Hago esta advertencia pensando que no debemos limitar la emoción a un solo sexo como creían los moralistas y retóricos para quienes la novela sentimental era lectura exclusiva de las mujeres. Pues bien, tampoco sé de nadie que no se estremezca de felicidad ante los elocuentes juramentos del amante de ser su único y eterno amor, y que no sienta el deseo de ser presencia inolvidable, y que, colmado, no aspire entonces a fundirse en la armonía del universo como anticipo de las correspondencias con el cielo. Nadie, que yo sepa, rechaza la felicidad, aunque para merecerla tuviera que cumplir la pequeñísima condición de aceptar una mentira.

La felicidad rigurosa, los extraños razonamientos del ensueño requieren aceptar esa ficción, no desmentir para no destruir esa armazón ideal y verse así transportado a regiones fantásticas en las que se alteran todas nuestras costumbres y se contradicen todas las ideas que nos sustentaban. En el amor único, incluso (lo cual todavía asusta más) lo imposible se mezcla con lo real. Y

lo que más nos impresiona es el asentimiento que damos a estas contradicciones, la facilidad con que creemos la trama de la vida ideal, y con sangre siempre joven nos encendemos con entusiasmo desbordante ante las promesas y los juramentos amorosos.

Toda esta caja de resonancias sobre el amor único que transmite el bolero corresponde a la sed insaciable de cuanto está más allá, y nos confirma la existencia del paraíso. Más de una anciana oirá con una sonrisa, y tal vez entre lágrimas, las canciones-promesas, y recordará aquel malhadado enamoramiento a los quince años sin confidente, sin confidencia, sin acción y siempre ignorado por el otro. El amor perdido no es otra cosa que puro monólogo mental: amor perdido, amor robado, sabor de engaño, perfidia, desdén, vuelve, frenesí, quiero más, palabras de mujer, maldición, dulce aventura, beso de muerte, son el repertorio de una semántica expresiva que asimila una caja de Pandora de asociaciones y palabras que distinguen el discurso seductor. Las palabras denotan y condensan y arrastran al soñador a perseguir el sueño como una tierra prometida. En esta tierra lejana encuentra su gran y único y soñado amor, si bien también se cantan las conquistas provisionales, construidas y abandonadas, y se oye también la voz orgullosa del abandono, esa soledad desengañada de las y los abandonados. Además se escuchan las voces de la fidelidad desolada, la nostalgia amarga teñida de resentimiento está presente.

El romanticismo y su cultura de las lágrimas mueve las pasiones, de las cuales esta música bailable es el síntoma. Síntoma, claro, de que todos queremos amar, ser adorados, y ser siempre felices, como en los cuentos de hadas, donde no falta el elemento perverso, esa perversidad poliforma que lleva a las Caperucitas a enamorarse y aullar de goce con el canibalismo del lobo... *que te como... que te como*. En todo caso, retengamos lo importante: que este discurso de amor es un canto, y su más inmediata inscripción del goce. Podríamos incluso sugerir que el equivalente de este discurso amoroso, de esta ondulación jubilosa de la voz, es la regla del *trobar*. Y se reúnen el vehemente deseo de plenitud, cuando no el deseo por un ausente, que hace perder la compostura y gemir, llorar, rabiar, gritar, atormentarse y desfallecer.

La educación sentimental que supone esta música —que perseguiremos meciendo y adormeciendo recuerdos— en sus lugares de origen —las islas de Cuba y Puerto Rico y México —moldean las relaciones amorosas, y conmueven, elevando el alma y haciéndola avergonzarse de la ruindad cotidiana. Esta insurrección romántica en clave popular y con ritmo abrió las compuertas para cantar las penas o los placeres del amor, en un minibanquete de a dos, donde lo imposible se mezcla con lo real. Al mismo tiempo se comunican fragmentos de discursos culturales, formas de vivir el cuerpo, y los sentidos y los sentimientos. La presencia de lo gozoso concreta y condensa a su vez el lugar de la cercanía, la fidelidad al origen que retiene lo más gozoso como en día de fiesta. La música popular se vuelve a los lenguaje recibidos, los convoca para crear la imagen del otro, acercarla o alejarla para siempre, tan pronto en felicidad excesiva cuanto expulsando la imagen por haberse confundido con ella. Todo un universo de música y ritmos se puede relacionar con las identidades y las emociones, desde las suaves melodías que narran las historias del corazón vulnerado, a la repercusión de las secuencias, en el movimiento y ritmo de la música carnavalizada y paródica. Es un cuerpo cantado con resplandores; el cuerpo amante y el cuerpo amado, lírico concierto de voces, de signos, de señales: el color y la suavidad de la piel («piel canela que me llegas a desesperar»), la belleza de las manos o el movimiento de las manos y los brazos que abrazan («y mis brazos se tienden hambrientos»), los ojos (que se besan, se miran, se recuerdan), el rostro que expresa gestos, la ropa, el silencio. Se auscultan todos los estados del corazón, sus emociones, sus transformaciones (los celos, las dudas, la confianza, la pasión, el odio, las ternuras), todo se marca sobre el cuerpo.

El cuerpo está saturado de signos, gestos y miradas; toda una mántica o ciencia de la adivinación descifra los signos del cuerpo amado, y se juega con todos los atractivos: los gestos, las sonrisas, las lágrimas, y todos los detalles —las caricias, los perfumes (como el de gardenias), los juegos, los sobreentendidos que dan la textura del cuerpo y de la relación amorosa—. El cuerpo que canta el bolero está habitado por una voz, el sentimiento es el inquilino único del cuerpo amante; y los ojos encierran el espacio para mirarse frente a frente, una presencia especular y lírica.

Todos estos signos—manos, ojo, boca, brazos— responden al recortado selectivo fetichista que la mirada opera sobre el cuerpo deseado, y enfatiza y exalta un elemento, la parte por el todo signo único que se erige como sustituto, como *ersatz* del cuerpo. Y éstos son los ojos, a los cuales se les pide complicidad, es decir, adhesión al gran complot de la seducción. El bolero hechiza, o busca seducir, coger al otro en la trampa de su propio deseo. En el espacio de una mirada, se rodea el deseo, se anuda. El bolero es una escritura mediante la cual el cuerpo deja su rastro en el lenguaje. Rastro de una historia que sella los rasgos reiterados del goce cuando se cantan los privilegios de Eros y no las angustias: «Es la historia de un amor, como no hay otro igual...». Amaremos, pues, la totalidad que desborda en ascensión entusiasta hacia la unión suprema. El amor aquí es tendencia hacia la síntesis.

En el camino del deseo, el cuerpo es zona ambivalente que se dibuja a la sombra de la oscuridad de la noche. Lo que querría subrayar es que con la música popular se le abre espacio al juego erótico, en figuras que entremezclan el valor estético del cuerpo con la naturaleza corporal del lenguaje. La música que canta los amores únicos nos habla del valor de lo transitorio (como el amor) y lo fugitivo (el deseo). Son iconos del cuerpo, flotantes siempre, que aseguran asociaciones nómadas mediante cadenas metafóricas y metonímicas del mundo de las emociones, de la sexualidad y de los sentimientos y sensaciones. Esta lengua amatoria suspende el valor mismo y hace una llamada al imperio del deseo, a la presencia luminosa de la perfecta pareja de enamorados: amor-unión para siempre.

## *Nostalgia*

La primera consecuencia es que la letra conjura la economía simbólica mediante signos tópicos. La música y el baile dibujan figuraciones del cuerpo y del amor, son imágenes retóricas volatilizadas. El bolerista arrastra un alma de caballero a través de los nuevos caminos que abre la modernidad industrial: el discurso amatorio del bolero se recompone en la memoria; en este espacio se le da expansión a la celebración lírica que asegura el delirio amoroso. El bolero modernista es nostalgia del amor cortés en el orden de la fantasía y la sublimación. No es ya la mujer sino un referente intertextual, sea la Venus de Milo, la de Citeres, la Señora Tentación o la Muñequita Linda. No está, pues, fuera del texto, sino que conserva las huellas culturales, los trazos, en relaciones diferentes que pueden identificarse con los arquetipos fetichistas del cuerpo de la mujer nacidos con el modernismo. Esta nostalgia de la pasión amorosa es la base de su filón romántico; estamos ante la dinámica indisociable del alma atormentada y la subjetividad desgarrada que el romanticismo unifica para alcanzar la apoteosis del alma conducida por el amor. «Canto a Teresa» y las evanescentes rimas becquerianas comparten este desfile de celebraciones líricas del amor y su mántica. Repitamos como en la escuela primaria, que el bolero —ese *farmakon* que disuelve toda oposición binaria, esa vorágine de lenguas, ese contrapunto, esa fuga de descentramientos, canta el amor romántico, el de la pareja ideal, como la de *Los amantes de Teruel*. ¿Qué lector no recuerda aquella bella historia de amor? En la memoria tengo una versión, en que ella, desmayada, dice: ¿Dónde estoy?— «En mis brazos, Leonor»? (Yo hice de Leonor, y de Manrique mi Alan Ladd, el James Dean de mis sueños juveniles, que se llamaba Julín). O los amantes de Verona —Romeo y Julieta—, incluso las calenturas de Calisto y Melibea en *La Celestina*, o al propio Don Quijote con su Dulcinea, y a Paola y Francesca, que Dante inmortalizó. Otra historia que hostiga amores es la que cuenta la pasión silenciosa que el gran humanista Petrarca sentía por Laura, que indujo a escribir bellísimos sonetos de amor en su *Canzoniere*, o a Garcilaso y su «divina Elisa», Bécquer con su evanecescente mujer inalcanzable, Poe con su pasión por los cuerpos bellos de una mujer muerta, o la «Dama oscura» de los sonetos shakespearianos, incluso aquellos dedicados a un noble joven: «Para mí, bello amigo, nunca podéis ser viejo», o «Que no se llame mi amor idolatría»... Y ¿Oscar Wilde, y *La voz a ti debida* de Pedro Salinas, y *Los veinte poemas de amor y una canción desesperada* de Neruda, y *los sonetos del amor oscuro* de García Lorca, y la maravilla de los sonetos de Juana de Asbaje, Sor Juana, como aquel que dice: «Detente sombra de mi bien esquivo...»? Podríamos continuar el recorrido, que emparenta todo este ardor amoroso con el bolero.

El cuerpo, receptáculo de la pasión amorosa, se crea a través del *pastiche*; se suspenden los roles tradicionales mediante los cuales hombres y mujeres modelan su mundo erótico y sus identificaciones sexuales. En el bolero las fuerzas suaves y lentas, las apetencias para llenar el vacío, encuentran modos de constituir el delirio amoroso en el alma fogosa del amante. Conviene aquí recordar el *Banquete* de Platón, donde en boca de Erixímaco se establece una relación entre el amor y la música: «la música es, a su vez, un conocimiento de las operaciones amorosas en relación con la armonía y el ritmo». El ritmo está ligado al banquete de amor, forma parte de sus ritos.

Armonía y ritmo se conciben así como formas de cultivar el yo para el fuego amoroso. Es la modalidad, la inquietud donde hay que comprender estas prácticas, en que el placer se une a la sustancia ética. El bolero —así como el tango— es texto icónico que recompone todas las textualidades consabidas de la mujer, desde la perversa Mesalina o Salomé, hasta la virginal princesita ingenua. Recibimos una red de complicidades; un raudo zumbido articulado, acercando el oído, nos hace escuchar el caracol del lenguaje amatorio en la orquestación de las múltiples culturas y razas, en los vestigios de las interdicciones tribales y las lenguas europeas que han seguido hablando sus fantasías amatorias en la elasticidad de la mezcla; acompañamientos musicales y coreográficos quiebran la torre de marfil en el bullicio de las celebraciones rurales y las alegrías de la fiesta. Esta música —nacida a la sombra de los cañaverales tropicales— hace inestables las jerarquías y el orden simbólico y social; es traducción y reescritura de todos los relatos programáticos del amor occidental cantado por juglares y trovadores para celebrarlo. Pero al mismo tiempo trastorna las direcciones del pasado y establece nuevas formas de hablar el cuerpo y calmar sus exigencias rituales.

Las asociaciones erráticas, los recuerdos personales, perturban la atención hasta desviar el sentido de los textos. Sentimentalidad e inhibición, extrema facilidad para la entrega o extrema resistencia a la seducción configuran la aventura amorosa. En la Cuba de finales del XIX se fueron ajustando el danzón y el bolero en conjuración de ritmos; este tejido de resonancias se transformó en embriaguez de placeres en manos de Agustín Lara, que lo introdujo en las salas de baile hacia 1930. Esta convergencia de gozo lírico y movimiento de danza que hizo al bolero bailable prueba el sentimiento de plenitud que quiere restablecer el contacto entre la finalidad del amor descortés y la de los galantes trovadores de antaño. También revela su ascendencia liberadora como germen del desorden al entrelazarse con el danzón y el son, textos de picardías y procacidades. El alborozo combina la fantasía lúbrica en el danzón *La margarita*, cuyas repeticiones monosilábicas sirven para acentuar el desenfreno:

> *Quiero que me enojes*
> *y que sí que no me quieras...*

Una versión apócrifa de este danzón dice: «Quiero que me toques y que sí que no me quieras/Quiero que te toques y que no que sí me quieras...» El público es libre de escoger la versión que más se acomode a sus fantasías eróticas.

En otros momentos, el danzón aderza el lenguaje con los fragmentos del deseo, y reestructura al enamorado: *Sabrá Dios* «si tú me quieres o me engañas...», en que el enamorado se pierde en la duda y los celos, ama en la desesperación que supone romper en sollozos, asfixiado por el dolor. La presencia del tercero o la tercera, el miedo a la preferencia por otro u otra se sufre infinitas veces, sin paliativos: por la pasión misma, por sentirla, por herir al otro, y por sucumbir a la duda. El celoso del bolero sufre, por ser loco, por ser excluido, sobre todo, por no ocupar el lugar central y único: el celoso es Narciso y Eco. La digresión me permitió recordar un danzón que también se canta como bolero… y es también arena para la galantería.

*La androginia de la voz y otras historias*

Prosigamos enredando y desenredando. Ambiguo, ambivalente, andrógino… Comencé con la ambigüedad, ahora pasaremos a la androginia: el vocablo se las trae. Los andróginos eran —según Aristófanes en el Platón de *El Banquete*— ese tercer sexo que participaba de lo masculino y de lo femenino, eran una sola cosa, un cuerpo esférico, que Zeus —contra quien se rebelaron— cortó en dos mitades. La consecuencia de esta partición es trágica, pues añorando cada uno su propia mitad se juntaba con ella y rodeándose con las manos, y entrelazándose, deseosos de unirse en una sola naturaleza, morían de hambre, por no querer hacer nada separados. Hasta aquí Platón. Esta figura de la nostalgia se revivió durante el romanticismo.

Pero no, de ninguna manera, no es ésta la androginia a la cual aludiré ahora: se trata en el bolero de la voz, del cantante. El bolerista tiene una voz andrógina —he ahí Pirela, Machín, Bola de Nieve, Los Panchos… son las grandes constelaciones, voz casi de *castrati*. Y ¿la bolerista? La mujer no es sólo inspiración, en el bolero… que no… que no… que no… es

*Antonio Machín.*

intérprete y compositora— de esa hidra de varias cabezas llamado bolero. Hidra, culebrón, trampantojo de citas, mosaico. Es el mundo de la seducción por el oído y la seducción por los ojos... en el «mírame», que obsesionaba al gran pecador Agustín, el de Hipona, que lo probó todo... Sigamos. Pues bien, romántico —si romántico quiere decir cantar y creer en el amor eterno, no dejar de cantar el amor para siempre —esa palabra tan larga— s-i-e-m-p-r-e... Recomencemos la historia de ese tragaldabas, de esa tintorera antillana, de ese híbrido, de este tentáculo de culturas y de ritmos, que se llama bo-le-ro. Autoras, autores, intérpretes, escenarios precisos, guitarra, maracas y bongó, orquesta, hijos de la noche... la fonografía... que todo eso y mucho más forma parte de la historia social y cultural del Caribe. Pian piano ahora... Recojo velas; ya definimos la ambi:valencia, saco de gatos, dije... luego les hice una trampa con la androginia —en la mujer, contralto pura y dura, mujer de pelo en pecho se las llamaba antes, donna in gamba se dice en italiano (y la frase vino de Italia con Garcilaso, el que trajo el soneto, ese monumento de 14 sílabas— y no resisto la tentación de recordarles el último terceto del quinto de Garcilaso: «Por vos nací, por vos tengo la vida,/ por vos he de morir, por vos muero». ¡Anda que no es poco Garcilaso de la Vega! Pero retomo el hilo en esta maraña.

Decíamos que en voz de mujer el bolero suena distinto, que la androginia y la ambivalencia son sus sustentos. Son mitos las cubanas María Teresa Vera, aquella cantante, guitarrista y compositora nacida en 1895, y que ya los quince años cantaba boleros, y conocidísima por Veinte años (gracias por la información y el disco Gladys Palmera, Santa Claus y los Tres Reyes Magos en una, que trae, como el jibarito, un saco de datos y de información); y claro, Freddy —leyenda, mito, personaje ficticio: su voz, amigos, qué voz— es un instrumento, como un oboe, o un bajo. Se sienten las ondas de los spirituals, del jazz, del blues; canta a cappella, el bolero es una excusa musical para que ella haga recitativos y juegue con los registros, recitativos casi operáticos, con improvisaciones instrumentales (como Bessie Smith, o Ella Fitzgerald, o Billie Holliday). El que escucha su único disco grabado (experiencia cósmica que le debo a Gladys Palmera y a Enrique Romero), se convierte en mariposa de colores, y queda en éxtasis para siempre: su *Bésame mucho* es *coital*... es el orgasmo cósmico. Cerremos los ojos: escuchemos el tintineo de vasos, el sordo ruido de las conversaciones, los susurros del donjuán de turno, las risas del juego y el jugueteo amoroso, el abrir de botellas, el olor a tabaco, a cuba libre, a ron... cerremos los ojos y escuchemos, escuchemos cómo «eso» no marcha —es decir— el amor, o bien, la locura, el amar en demasía, la desmesura que constituye el horizonte de la literatura... y del bolero.

Pues... *show time, show time*.... en la noche de verano tropical de la Cuba de Guillermo Cabrera Infante, en su incomparable *Tres tristes tigres*, una de las más extraordinarias novelas latinoamericananas contemporáneas. Y comencemos con ese mito que tomó el lugar de un dios ausente, llamado Freddy, la sirena que aparece, desaparece y reaparece en la novela. Freddy, y su único disco grabado; confieso que he escuchado a este mito «solamente una vez»... pues Freddy, la de roscas de grasa en el cuello, toda llena de rollos de carne y sin un pelo... esa *La Estrella Rodríguez*, la criatura de la laguna negra, medio centaura, mitad mujer, mitad caballo, bestia fabulosa de la noche. El lector debe releer con atención las fugas «Ella cantaba boleros», montadas sobre la hipérbole: la Lutero de la música cubana, el elefante, la ballena. Sí, ella cantaba bolero —Freddy— la que canta para mitigar las penas, y en aquella Habana, de aquella gran ciudad de las columnas, que recrea con maestría Cabrera Infante, es más que un terromoto, se transforma en orgasmo cósmico. Si para el europeo y el extranjero (no antillano), las mulatas autóctonas tienen un trasero que haría parar un tren, según Hemingway, «Las mulatas bailan en la copa de los árboles y bajan después a rebañar tu plato con las caderas», nuestra Freddy es, pues eso, una marciana —y dejo la palabra a Cabrera Infante: «un pez enorme, un galeón que navegaba sumergido, un submarino de carne que se paró justo antes de chocar como mi mesa. Hola nene me dijo la voz y era grave y severa y tan náufraga de ron como la mía. Era *La Estrella*». Desde Quevedo nadie ha logrado esas metáforas y metonimias— si recordamos el infausto y anti-semítico soneto «Érase un hombre a una nariz pegado»... pero paro en seco. Es la Cuba de chowcito... la Cuba de «qué suave está...»

Y otra constelación —la mexicana Elvira Ríos, de triste historia— que como alguna gran poeta modernista, terminó en el suicidio. Su nombre real,

Elvira Gallegos (1913-1987), que debutó en la radio «La Hora de Agustín Lara» en 1935, gran bolerista, ídolo de Chile, de Suramérica; sus últimas presentaciones las hizo por los años sesenta, y de ahí, como Greta Garbo, se retiró del público. Famosa por las grandes de Lara... *Noches de Ronda, Santa...* es el bolero nocturno (ya llegaremos a Lara... calma, calma...), medio aguardentoso, con sabor a besos tricolores, a «besos sabios», como decía un mal poema que aprendí de pequeña... a mordisco... o yo qué sé... a lo que quieran... Y, amigos, Toña la Negra —María Antonia del Carmen Peregrino (1912-1982)—, que de Veracruz, siendo casi una niña, se fue a México, y allí Lara —el gran dios del bolero, el *«Flaco»*— quedó tan impresionado, que la recomendó para un teatro, donde cantó *Lamento jarocho...* de ese lamento, al cielo... se la considera «el fenómeno musical del siglo», cantante de radio, del salón Retiro, Toña es famosa por los bolerazos del Lara también —recuerdo algunos *El último adiós, Yo quisiera quererte, Este amor salvaje...* de Avelino Muñoz, Pedro Flores, Miguel Valladares, *Cenizas* de Wello Rivas y *Allá va* del puertorriqueño Miguel Hernández. En *De mujer a mujer,* de Esteban Toronjil está grandiosa —un duelo de leonas hembras disputándose al macho—, *Arráncame la vida* de Agustín Lara, y... finalizo el recuento con *Si me pudieras querer* de Bola de Nieve. A su muerte, en 1982, un cortejo de miles y miles la acompañó en su último adiós por las calles de México, con música de Lara... se le hicieron los honores que sólo se hace con los «grandes», con los héroes. Y ¡era grande la jarocha!, inmensa. Y no basta: otra voz andrógina es la de Ruth Fernández. «El alma de Puerto Rico hecha canción», y ese huracán del Caribe llamado Lucecita Benítez, que canta... canta... canta... De paso, también «La Doña», María Bonita —María Félix, la belleza mestiza immortalizada en el film *Doña Bárbara,* la devoradora de hombres, novela de Rómulo Gallegos, y las grandes películas del genio del cine mexicano, el

Indio Fernández, voz que se percibe como trasfondo en Buñuel—, también cantó boleros con el «*Flaco*». En todas, voz profunda, baja, casi masculina… y bien sean los *castrati* o las *feroces* para el oyente es un acertijo la identidad sexual de un cantante… Anda… ya les dije: contraltos de pelo en pecho… es… eso… es la androginia. Y lo demás son cuentos… y termino… no… no… que nunca se termina… con la barroca novohispana Sor Juana Inés de la Cruz —cuyo *Primero sueño* es quizá el poema filósofico más grande que se haya escrito en

*Ruth Fernández*
*«el alma de Puerto Rico hecha canción».*

lengua castellana— con un verso que va el dedillo: «Oigan, atiendan, admiren, perciban…» que era mucha Juana, Sor Juana… Hagamos un alto en el camino… y recordemos, otra vez, aguzando el oído, para sentir al venezolano Héctor Pirela, al cubano Antonio Machín, y los mexicanos Los Panchos… tres mitos, ¿cuál es el sexo del cantante? Si no les digo que son varones, lo dudo… lo dudo… lo dudo… que lo adivinaran. ¿Machín? Esa voz andrógina, que por los años de 1940 abrió aquella estricta equivalencia entre la voz y la ambivalencia, para revolcar la relación amorosa. ¡Que no es poco Machín!; tiene clave para todos los gustos, o aquello que también se llama, claves para la elección de objeto. ¡Que la sexualidad es enmarañada!, o ¿no lo sabíamos? Sigamos enredando el hilo.

Y no dejaremos de lado el preciosismo modernista, esa espera anhelante. Que el modernismo, la *femme fatale*, los amores eternos, el amor loco, el contrabolero. Temas y formas de esa boa constrictor que es el bolero desde hace más de un siglo —pues sus inicios coinciden con *Azul*, de ese monumento, de ese iluminado, de ese modernísimo nicaragüense Rubén Darío, el primer texto modernista—. Doble vuelta de tuerca con paréntesis, doble autopista con repeticiones. Debemos relacionar todo el espacio del bolero con el repertorio de valores de la modernidad, y esta lengua amatoria como afirmación de valor-emoción frente al valor-interés de la existencia prosaica (ya dije que expresa el amor del neurótico); pero —plus... plus... de goce... el bolero es moderno ante todo y sobre todo porque es *anti*-mimético, es decir, anti-representativo, anti-realista. Que el asuntillo tiene peso. Es necesario, entonces, ligar esta música a la historia de la subjetividad en los últimos cien años. No se la puede concebir sin los espacios públicos, la experiencia cotidiana, la lengua de la ciudad, los ritmos ciudadanos y el desarrollo de las grandes urbes a final de siglo. Son textos culturales que nos revelan la historia de los sentidos y la genealogía ética y moral de cada cultura. Al mismo tiempo, son prueba palpable de que no vivimos nuestros cuerpos y nuestros sentidos de la misma manera.

Pero el mundo amoroso del bolero se debe relacionar con otras expresiones nacidas por entonces: el tango, el fado, el jazz y el blues. En realidad, está contaminado por el blues, que se re-acentúa en Cuba a partir de 1895, permitiendo el reforzamiento de elementos heterogéneos —lo europeo, lo africano y lo americano—. Celebra, como el blues, el *ars amandi* y las experiencias de la población negra, mulata y mestiza. El hecho de que el bolero surgiese (como el danzón y el son y el blues) hacia 1888, nos permite aventurar —como veremos— que está en estrecha relación con la abolición y desintegración de la esclavitud en las islas antillanas y en los Estados Unidos. Dibujemos un cuadro de La Habana hacia 1860, para pulsar sus ritmos; la ciudad ofrece el espectáculo único de una población esclava que vivía independientemente de sus amos. Es La Habana de Julián del Casal, recordado por sus transgresores poemas que exploran los espacios que el amor homosexual inviste de deseo, los placeres del erotismo sigiloso en una urbe cosmopolita, de modas variables, casas de juego, casas de prostitución, salones de baile, cabarets; es, en definitiva, la geografía de la vida bohemia.

### Cuando el «ars amatoria» se amulata

La baja tasa de fecundidad entre las mujeres esclavas hace forzoso que la demografía fuera el resorte secreto para hacer brotar el entusiasmo colectivo y las ilusiones más sublimes para este culto a la mujer, expresado con las sutilezas de las lenguas amatorias más exquisitas. Este culto occidental se *amulató*, se hizo descortés, al mismo tiempo que se ennobleció al transponer la cortesía y la unidad de lenguaje y de modales a la población mulata. Esta desarmonía nos obliga a una doble lectura: primero, esta música popular pone de relieve la lucha por el signo en el terreno de la heteroglosia; segundo, la afluencia del universo semántico deja sentir los estertores de la apropiación del capital simbólico del amo. Se reconocerá la estela de la gran tradición amatoria europea, inserta en ritmos mulatos y mestizos, con *entonación* antillana. No sigo ahora por esta vía, que desarrollo en el texto, pero sólo reafirmo que equivale a una usurpación del lenguaje amatorio. La lírica así amulatada se alimenta del amor cortés como invitación abierta a utopías de deseos y seducciones consumadas que, en definitiva, representan la democratización del deseo en armonía con los espacios colonizados.

Se puede decir, entonces, que la lírica erótica occidental en todos sus cruces, es el *hors-text* que el compositor mulato descentraliza: los motivos y tropos de cisnes, princesas, diosas, marquesas y arlequines apenas encubren la carga erótica. Cada icono ha sido dibujado por «músicas señoronas» y cincelado por conocidos trovadores y militares guerreros. La transculturación de signos funde las fuentes castálidas y ritos aristocráticos en ceremonias esotéricas, consultas mágicas, acciones votivas donde conviven muchas divinidades. El multi-culturalismo y la poliglosia del bolero caribe provienen del microcosmos de las plantaciones, donde convivían muchas lenguas —el africano, el español, el portugués, el chino—. La lírica permitía explorar valores, postular reglas y convenciones de comportamiento, al mismo tiempo que revelaban la vida emocional de las colectividades, las identificaciones amatorias, las formas de articular y definir el deseo.

El mundo amatorio del bolero se apoya en las homologías (como todo discurso amoroso) y desplaza un espejo en el que se reproduce una estructura dual: tú, yo. Si volvemos a la letra de los boleros conocidos desde la década de 1915-1920, las princesas y otros personajes de la fauna y flora modernista, tal los cisnes, *ersatz* de la mujer desnuda, apenas encubren la referencia erótica. Una lectura atenta de los boleros clásicos —*Bésame mucho, Lágrimas negras, Perfidia*— permiten perseguir las mutaciones del signo en la modernidad capitalista, y captar los deslizamientos que llevan cada signo por otros recorridos, serpenteando por los iconos culturales como sabiduría de ambivalencias.

Y cabe entonces recordar que la mayoría de los compositores musicales se auxilió en los primeros años de los poetas modernistas reconocidos —Rubén Darío, Pedro Mata, Andrés Eloy Blanco, Amado Nervo—. El que los primeros coreutas del amor fueran estos poetas, nos impone una escena: imaginemos un teatro de revista, carpa, teatro de variedades, centro nocturno, cantina, casino, casa de citas y burdel como terreno y modo de relación meditada con los ríos y fuentes modernistas, con las torres de dios que escribían Amor, Poesía, Alma,

*Pedro Vargas.*

Eros y Psiquis con mayúscula. ¿Qué pensarían Darío y Nervo al escucharse en ritmo y música bailable? Lo cierto es que se escucharon las sutiles historias de amor en todas partes, desde los más humildes espacios a los más burgueses salones de la «gente bien». Los sitios populacheros y los teatros serios escucharon las modulaciones de la subjetividad lírica y la reflexión sobre la primera persona poética. *«Mujer»*, hecho famoso por la potente voz varonil de Pedro Vargas recoge las modulaciones de este modernismo bailado, pero en los primeros años del bolero, el modernismo es el icono preferido.

Sigo tejiendo y destejiendo hilos. Hacia 1947, desaparece el lenguaje predicativo de la poesía lírico-erótica modernista y la imagen de la mujer como tropo volatilizado, que la convierte en referente literario, cuando comienzan a cantarse en los micrófonos de la radio XEX en México *La última noche, Aventurera, Pervertida, Pecadora, Frío en el alma* y *Toda una vida.* La así llamada influencia perniciosa de Agustín Lara hizo brotar pudibundeces de algunos moralistas (recrearemos este episodio, que no tiene pérdida). Que sí, que sí, que es evidente, no podía ser de otra forma: el bolero tuvo a ratos problemas con la censura, desde Lara, a Toña, en México, a los boleros de moda en la época franquista en España... que a nadie se le escapa —por el oído— lo transgresor que es la musiquita esta. Juan B. Tarraza recordaba hace poco los boleros que se le censuraron a Lara, por metáforas tales como «tus senos de mármol», o del mismo Tarraza *Te besaré las manos.* Que no hemos de olvidar al central —como el *film noir*— es una manera de violar las restricciones y la censura en lo sexual y en lo social. Y se violaban con la letra… Tarraza no deja lugar a la duda… la letra y la música en conjunción perfecta… y se encuentra en la época dorada: *Quizá, quizá* o *Toda una vida* de Oswaldo Farrés, *La última noche que pasé contigo* de Bobby Collazo, o aquel que cantaba María Victoria, *Soy feliz* («es que estoy tan enamorada»)… y, el último del mismo Tarraza, *Yo soy el bolero* («con mi pasión y mi fuego»). La cadencia, la armonía, la letra, el ritmo: todo en polifonía… Bueno, borrón y cuenta nueva. Lara nos conduce de la mano por la musa bohemia de Baudelaire, el de *Las flores del mal*, el Toulouse-Lautrec de los prostíbulos, el Picasso de *Les demoiselles d'Avignon*.

Pues bien, heridos de amor, ahogados en lágrimas por la pérfida mujer, los cantantes y las divas hacían bailar de-a-cachetito al público selecto, también los nocheros de la clase trabajadora bailaban los boleros de Lara —de novedosa y cachonda letra— unas veces muy arrimados (o sobaditos) otras a prudente distancia, que todo depende de con quién y para qué se baila. La geografía sólo indica que el bolero alegraba corazones compungidos con temas de despecho o decepción. En todos los casos han sido (y son) formas elípticas de declarar el amor, afianzarlo o despedirlo. Sólo es necesario escuchar en la voz gangosa y chorreosa del mismo Lara el famoso *Pervertida*.

*Eppur si muove...* Los amores únicos se van transmutando con el tiempo: con la aparición de esa galaxia llamada Los Panchos, se transforman en locura. El bolero reclama el derecho a soñar, y va transformando su carga retórica manteniendo al mismo tiempo relación con el pasado. Todo el caudal de mensajes que nos transmite esta música es justamente la importancia de los actos de palabra y su retículo de conexiones con la sexualidad y el erotismo. Se canta el deseo que aparece en el cuerpo y en el alma como cadena única. Juan Luis Guerra, por ejemplo, nos transforma en seres acuáticos con sus *Burbujas de amor*, donde la humedad y el agua se convierte en maraña de caminos que se pueden recorrer para rendirle homenaje a Eros. Pero si unimos esta experiencia del amor en el pentagrama de las emociones a la historia de la sexualidad, a la historia del cuerpo y del erotismo, se revelan formas de vivir la propia dimensión humana. El paisaje amoroso se constituye mediante la repetición de ritos, siempre distintos y siempre el mismo; en la inquietud de esta erótica se recorren los callejones sin salida del deseo, se viven los esfuerzos del sujeto amoroso por comprender y definir el exceso. Se evocan los pensamientos y emociones que el cuerpo amado suscita.

*El oyente cómplice*

A su vez, esta música popular se puede entender como la historia de los valores a los cuales se ha sacrificado a veces la propia vida, creyendo que este estado de felicidad era el valor absoluto. Guarda con estos valores una relación de recuerdo, de nostalgia, de culto quizás, de búsqueda, en cuanto ejercicio de mortalidad, es decir, discurso, que intensifica y enriquece. Busca la complicidad, la adhesión del oyente a dejarse seducir; es decir, a caer en la trampa de su propio deseo. Digamos que en cuanto cuerpo discursivo, el bolero es una institución perversa que pone en escena una contrasociedad regida por Eros. Ése es, sin duda, su enigma de seducción.

*Ruth Fernández.*

O, ¿no es éste el embrujo de ese amor eterno —pre-coital, debo añadir— de *Bésame mucho*, compuesto en 1941 (fecha del bombardeo de Pearl Harbor) por la adolescente de 16 años Consuelo Velázquez? Este «bésame mucho» se volatiliza, y ya puede ser la mujer quien pide los besos, o el hombre. Insisto en que el sexo del personaje del bolero depende del oyente. Es una prueba de competencia, y ha sido cantado por las mejores voces: Toña la Negra, la «Sensación jarocha» como la llamaban, Ruth Fernández, «el alma de Puerto Rico hecha canción», y hasta por Cesaria Evora. Y me quedo corta.

Amores eternos, reacentuación del modernismo, androginia de la voz, ambigüedad textual, las voces cambian, los estilos, la emoción, la intensidad. También el «loco amor», como aquel que padecía Grisóstomo por Marcela en *El Quijote*, o Polifemo —el King Kong moderno— por Galatea en el texto de Góngora, y antes el pobre pastor garcilasiano, herido por esa «locura». Y las referencias clásicas no son por azar, que en el bolero nada es azar, sino destino, en ese juego de la *tyché* y el *automaton*. Pues en locura, y sobre la locura de amor, ese huracán del Caribe, ese terremoto antillano que se llama Lucecita Benítez

—tan poco conocida en España, y objeto de culto para los que tienen el privilegio de conocerla— ha estado cantando al loco amor y al terrible desengaño en boleros como *Qué tal te va sin mí* o *Tengo miedo de quedarme sin la luna*, que a esta oyente le trae reminiscencias del Calígula de Camus, en aquel «Moi, je veu la lune»... Prestemos oído a ese cataclismo puertorriqueño que canta, canta, canta... sin cesar, como sin cesar caen las aguas en las cataratas del Niágara o del Iguazú, o corre el agua por el río más grande de la isla, el Río Grande de Loíza.

Y como todo, tiene su envés, su parte paródica, su otro lado. Y es una mexicana —Paquita la del Barrio— la que elabora el travestido del bolero, en aquellos contra-boleros (podríamos llamarlos), como *Tres veces te engañé* ... la primera por coraje, la segunda por capricho, la tercera por placer... y después de esas tres veces no quiero volverte a ver. ¿Me estás oyendo, inútil? Ni perdones ni amores, ahí la mujer agarra las riendas, y en arte de birlibirloque engaña —como los machos, que dirían los mexicanos.

Pues entre envidias, palabras de mujer, juramentos, mandatos, miradas, ojos... y voces... el bolero rueda, rueda, rueda... como una bola de nieve arrastrando todo lo que exprese amor y deseo por su paso, y advirtiendo que sin amor no hay vida. Y mientras más miserias y desdenes, y más ambigüedad, y orgullos heridos este agujero negro de palabras y voces, este big bang de emociones, este universo de pasiones seguirá hablándonos del deseo y prometiendo lo imposible: el amor eterno. ¿Imposible? Quién sabe... pues —en efecto— sin un amor la vida no se llama vida. ¿O se puede vivir sin amor, o lo que se llame amor o deseo? —parece que ni siquiera los canallas.

El lector ha de observar que esta autobiografía sentimental —*El bolero. Historia de un amor*— ha adquirido otros ropajes, que no es y es el mismo libro que se publicó con ese título. Lo que sí permanece es que forma parte de ese género que cultivo que he llamado *crítica-ficción* donde me arriesgo a arrejuntar (como dirían los mexicanos) la historia, la ficción, la memoria y todos los cachivaches que llevamos dentro para hacer resonar y conjurar los argumentos, vastos, infinitos, interminables, insaciables. Repito *bis... bis...* que no es ésta una historia del bolero, ni una sociología del bolero; en todo caso, una metafísica de mi desconcierto barroco.

*Iris M. Zavala*

# Comienzo con Vértigo de Génesis Imaginaria

N o; no vino con Cristóbal Colón en las carabelas pero tiene su principio en la modernidad.

Todo tiene un origen, y me corresponde ahora buscar en aquello que constituye la escena del cuerpo, su principio. La palabra en el bolero tiene una memoria segunda que se prolonga misteriosamente en las significaciones nuevas. Una obstinada resonancia cortés, que llega de todas las escrituras precedentes y del pasado mismo de la literatura, cubre la voz presente del bolero, todavía lleno del recuerdo de sus usos anteriores. Ese pasaje cortés en suspensión nos llega en una criptografía cada vez más densa con texto cultural de las relaciones amorosas. Esa forma de estallido es la ambigüedad de un lenguaje que es al mismo tiempo palabra y seducción. La palabra de la seducción recuerda su origen.

Este lenguaje amoroso del bolero es una pesadilla de la verdad, casi la desmitificación definitiva de la aristocracia. El bolero pone en escena el petrarquismo poligonal, es su negación y su exageración, y es también heredero directo de aquel *trobar clus,* con sus relaciones de poder en el lenguaje amoroso. El nuevo lenguaje está al servicio de una muy antigua técnica amatoria, la del sentido. Es una construcción compleja donde las repeticiones se extienden y se mezclan obstinadamente con un mapa de aberturas a la escena del deseo imaginado y la veleidad seductora que constituye la escena del cuerpo. Este lenguaje viene de lejos; tal como se formula en la literatura cortesana y en toda la historia del amor y la tradición erótica occidental; es un medio expresivo de la tradición en su juego de alternancias de prosaísmo democrático y de aristocracia.

Dije amor cortés, sin olvidar que hay una función ética en el erotismo, que todo erotismo consiste en definir y ordenar de manera normalizada; la erótica regla la distancia. Con el bolero se inician nuevas normas; o, mejor, se reacentúan todas esas formas de amar. Trampantojo de citas y remisiones, es andrógino y bisexual, y por eso siempre es joven; se rejuvenece con cada generación, y las palabras aseguran la doble expresión sexual. Cada bolero da una nueva demostración del arte de la alusión, que le es indispensable para decir y no decir, para dejar entender y rechazar lo entendido. A veces la letra —aquel que habla— se deja llevar a decir una cosa distinta de la que quería. Pero... pero... *stop*... manifestación de lo que es la relación sexual, se basa en la ambivalencia del lenguaje. De tal manera que los textos no siempre se hacen desde la posición masculina; ya dije que los boleristas juegan a la ambigüedad sexual, pero al mismo tiempo —hombre/mujer, mujer/mujer, hombre/hombre, que éstas son las variaciones— dicen el goce, en una liberalización extraordinaria. Y si toda erótica incluye un principio de privación metódica (para Lacan necesitamos la ley para ser inmensamente pecadores), el bolero expresa la política de la diferencia. Y no son éstas sólo las cuestiones fronterizas que plantea. Retomaré —tejeré y destejeré el hilo— de cómo al reconocer el deseo en cuerpo del otro, el intercambio se efectúa.

Perdón... perdóname... en el bolero el tema hegeliano fundamental reaparece: que el deseo del ser humano es el deseo del otro. Y claro, de formas confusas, el deseo se capta en el otro, y aparecen la rivalidad, la competencia, los celos. Su discurso centenario moderno intenta a toda costa afirmar que «eso —es decir, la unión de dos— funciona». Vano empeño. Eros —hemos de repetirlo muchas veces— es hijo de la Penuria y de las artes hechizantes y retóricas del sofista Poros; su desasosiego es una paradoja, y su travesía la miseria y el artificio de las palabras, en el cruce de la mirada inquietante, y la vocación, el ritmo musical es el grano de voz que interpela «escúchame», «mírame», «óyeme». Así se detiene, se rodea el deseo, no se le hace visible, para no hacerlo vulnerable. Llevado a sus últimas consecuencias canta el amor neurótico de la modernidad, donde se produce la fuerza conmocionante del goce de la intimidad con lo incierto. *Bis... bis...*; el ritmo de bolero, que hace esperar la demanda. ¿Siempre lo mismo?, ¿nos conduce por vías del hábito?, no lo creo, porque el secreto está en que todo patito feo se transforma en cisne, y así insigne (y reconduzco por otros caminos la filosofía del deseo)... se trata de que la letra nos interese más allá del aburrimiento. En este océano de discursos, ya sabemos que si hay significantes, nunca son idénticos a ellos mismos. Y... claro...

por eso es moderno/modernista y sobrevive, porque expresa la pasión del neurótico, para quien el dolor es la mejor forma de expresar la existencia. Como sufrimos por falta de ser, y nada como el dolor para probar la existencia, siempre y cuando intervenga el deseo. «No, no me dejes sola, mira que me muero/si no estoy contigo…» ¡Anda ya!, que algo de masoquismo hay; siempre un Otro que hace sufrir. Y, claro, hay pasión cuando hay sufrimiento testimoniante, cuando está presente la mirada del Otro; lo repito, y será *leitmotiv*, «mírame», «escúchame». El objeto del deseo se convierte en el poema, no en el poeta. Es la locura del amor, el sueño de hacer de dos, uno solo; así anda siempre en un callejón sin salida con la versión despechada, pues la unión con la que sueñan los amantes es imposible. Ese *amol* ha abierto imperiosamente —aunque lateral-mente— caminos a seguir, y… está siempre constantemente perdido y constantemente por buscar, presencia de una ausencia, siempre.

Inciso histórico repetido. En un bolero lo primordial es la letra, así lo afirma Juan B. Tarraza (cubano radicado en México), hombre que ha crecido con esa música, es todo *b o l e r o*. Famoso por «Te besaré/con ansias/con fiebre loca/que da tu boca y bajaré mis labios/hasta los tuyos/donde me espera/el beso más ardiente/el beso intenso/de la pasión». En la época dorada de la canción le censuraron boleros en la radio (también a Agustín Lara, que se atrevió a decir «tus senos de mármol»… ay, lo que el viento se llevó…). Y Tarraza, con más de 70 películas al hombro, ha cantado boleros con Tin Tán (aquel «pachuco» que mostró con potencia el «quítame la pajita del

*Tongolele (Yolanda Montes).*

hombro» del mexicano en los USA), María Victoria, María Antonieta Pons, Ninón Sevilla, Rosa Carmina, Meche Barba, Silvia Pinal, Arturo de Córdoba; estamos aludiendo a la fuerza conmocionante del goce del cuerpo, a la voz (sensacional en Arturo de Córdoba), al no va más de María Antonieta Pons (que se disputaba con Carmen Miranda los espacios libidinales, con humor, con semblante, con veladuras). Pero prosigamos por estas variaciones y tesituras; a Tongolele (Yolanda Montes) —¿quién no recuerda esa bomba de deseo, ese terremoto de caderas y hombros, ese *concord* de registros—, le compuso danzas afrocubanas... pues nada, que esto de eternidad, que es fugacidad es la red babélica, la pifiadora culebra de la danza de la cobra; el bolero es un nombre que evapora una ostentosa riqueza de significantes. Baile y música revelan todo un mundo de revoluciones sexuales y de transgresiones morales: no es música para «estrechos», las letras son «fuertes». Es un baile que da «marcha» y y tiene «morbo». Pero con lágrimas: negras y olvidos, y embelesos (el repertorio del sonero Miguel Matamoros, hace un siglo, dio las claves mayores del gran órgano del *filin*, como lo llama Félix Contreras desde La Habana... no, no, que me corrijo: de la guitarra, es mágico cofre). Y se contonea, y no es lo mismo la guitarra que el piano, o el piano que la orquesta... con todo y todo... desprendimientos dialécticos del *filin*...

### *Chi chi ri brusca mandinga*

Canto del deseo, voyerismo, o sólo inocente observador casual... sigamos.

La re-aparición de este lenguaje a finales del siglo XIX —música y letra— se debe vincular con la existencia de la sociedad moderna/modernista, con los jóvenes; una especie de torneo ficticio sostenido que tiene por blanco a la mujer. En torno a la mujer se tejen estas relaciones de poder, relaciones ciertamente corteses, que son el envés mismo de las relaciones permitidas engendradas por las instituciones —familia, religión, lenguaje—. En el bolero decimonónico se presenta algo como un aligeramiento del lastre, como un desbocamiento tolerado, que produce un lance real/imaginario entre hombre y mujer o entre amantes ambiguos. Revela una verdadera relación de poder y una justificación de seducción; es un dispositivo donde la unidad de los signos está incesantemente fascinada. En definitiva, la agudeza de su lenguaje cifrado es una formación discursiva; en término de M. Foucault: *un saber.*

Hay una relación constante, entre esta cartografía de lo inexplorado que propongo: sus raíces eróticas imaginarias en el petrarquismo poligonal o irregular, la cantiga de amor y el amor cortés. Aquí los orígenes son *saberes,* los mapas de las relaciones que ponen en vigor la gran experiencia amorosa de la civilización occidental. Esta pantalla subsiste, y se despliega en riquísimos sistemas de valores, marcados a través de los siglos por diferentes figuraciones e ideologías: la clerical, la feudal, la cortesana. Amor/eros/ereos, discursos multiplicados que ejercen presión sobre cada uno de los modelos antagonistas y protagonistas, según los géneros y según las épocas

Los primeros temas eróticos medievales hacen su aparición, y los rasgos negativos sobre la mujer dominan por entonces el discurso: la mujer es mala, lúbrica como víbora, resbaladiza, curiosa, indiscreta, zafia. La filosofía estoica y la teología ciertamente le sirven de apoyo a estos discursos. La regla es primero precisa: dominarla, con palabras y discursos *anti-femenina* y misóginos. He ahí el término: mujer/maîtresse = ama, dueña, querida, amante, concubina. El término implica relación de dominación y servidumbre amorosa.

Poco a poco las diversiones mundanas desbordan este primer discurso, y se inician nuevos comportamientos y sujetos amorosos. Los buenos modales, la forma elegante de practicar el amor

*Felipe Rodriguez.*

cortesano; en juego de liberalidades y larguezas, se despliega en la gratuidad del soneto. Y ese templo de catorce columnas canta siempre a la donna/madonna, en los márgenes lúdicos, rodeando al objeto, delimitándolo: ojos, boca, cabello, pie, mano. Un fetichismo de zonas estrictamente separadas; los miembros convenidos por la moral cortés y su semántica y somática del cuerpo. «La dulce boca», «los labios carmesíes», «la mano delicada», «la suavidad de los claveles», en tropos, iconos ya, grabados en la mirada masculina. Un gran amador de figuraciones fetichistas corteses, Garcilaso de la Vega, deja en lengua española su santo y seña: «Escrito está en mi alma vuestro gesto», para cerrar la escritura en superficies de erotismos metafísicos:

> *por vos nací, por vos tengo la vida*
> *por vos he de morir, y por vos muero.*

No es tan distante el cerco que separa esta metafísica de aquella otra de Oswaldo Farrés:

> *Toda una vida estaría contigo*
> *no me importa en qué forma*
> *ni cómo ni cuándo pero junto a ti...*

o las eternidades de Agustín Lara:

> *Solamente una vez*
> *amé en la vida*
> *solamente una vez*
> *y nada más...*

Amor recio que procede del cuerpo en ardores, atrevimientos, furias, asperezas, altiveces, liberalidades; un infierno en el cielo cabe. Mágicas fórmulas de mundos de oposiciones, el sí y el no de los atrevimientos, las afirmaciones discretamente negadas: morir/vivir, amar/aborrecer, presencia/ausencia, pasión/celos. En oposiciones siempre extremadas, esta ciencia del amor petrarquista va recogiendo al pasar otros discursos profanos y místicos, ensanchándose con la inscripción del gran poeta lírico/erótico, Juan de la Cruz.

Casi nunca, ni sutilmente, las picardías eróticas quevedescas se abren paso en el bolero; aquel

> *¡Ay Floralba! Soñé que te... ¿Dírelo?*
> *Si pues que sueño fue: que te gozaba,*

se transforma en mil violines de amor que se escuchan, o en mi loca tentación, o en simplemente una ilusión que te habla al oído, o enojos.

La estructura de la letra del bolero es una proposición cortada donde reinan todos estos discontinuos sutiles; una frase de amor hablada que tiende siempre a fundar sus partes unas con otras, e igualar el flujo de palabras de amantes y amadores. Este deseo hablado progresa según un devenir de apariencia desorganizado, que desde su primera enunciación oral o escrita se constituye en partes móviles, pobladas, especie de esencias sustantivas, aunque a veces adjetivas o verbales, que reenvían a un sentido pleno, eterno podría decirse: amor, pasión, orgullo, herir, engañar, impacientarse. Éstos son los sentidos cerrados sobre los que se edifica el discurso del bolero. Las palabras de siempre están prisioneras y se vinculan a una verdadera liberalidad métrica del pensamiento amoroso distribuido en el espacio fijo de cada tiempo.

Desde siempre, desde entonces, y pasando por los oscuros ríos del barroco, luego del Romanticismo (la Elvira de Espronceda, el vano fantasma de niebla y luz becqueriano), queda la convicción profunda de que el matrimonio no es juego, sino que responde a la seria conveniencia, y es fuera de él donde se juega. El amor se considera todavía un pasaje figurado al margen del orden, del poder de la institución, del orden jurídico. Bien claro lo vio Bécquer, que incorpora al discurso el color de los ojos: verdes fantasmas de la imaginación.

Si ya desde Petrarca se distinguía entre ardiente/indiferente y morena/rubia y puttana/señora, la distinción de color de piel se re-acentúa en el Romanticismo primero y el Romanticismo tardío. Espronceda lamenta la ausencia de Elvira: «bella forma que cruzó gallarda», «un recuerdo de amor que nunca muere». O aquella Inés que se consume esperando a Diego, o ese poeta que se pasea solitario imprecando a la luna, o aquel poeta desilusionado que mira en silencio la callada arpa de amor son la consolación de varias generaciones desde el Werther romántico y el Jean-Jacques que pasea solitario.

Los amores románticos, los amores difíciles que aún nos rondan: no es la ardiente y morena —la pasión— a quien busca el narrador lírico de las rimas becquerianas, sino al rubio sueño evanescente, al imposible, al fantasma de niebla y luz. «Diera alma mía, / cuanto poseo...» por esa imagen de mujer; de ojos verdes, húmedos e inquietos, o de intensas pupilas azules, de rubios cabellos o de negros rizos, el poeta recuerda el estremecer de sus manos, la amorosa cabeza. Sus «ojos en mis ojos»; despierta «miras, y al mirar». Fuegos fatuos, umbral de sueño, los ojos, la «mirada», el mírame becqueriano se siente estremecer no muchas décadas después en los acordes con «ritmo de bolero».

Ideal masculino este, icono que se re-interpreta en las canciones románticas primeras, en la rubia

> *Peregrina de ojos claros*
> *y divinos*
> *y mejillas encendidas de arrebol*

de Ricardo Palmerín y Luis Rosado Vega, historia de amor escrita por encargo, e inspirada en la periodista norteamericana Alma Reed. Evanescente rubia de claros ojos —como las Lauras y Beatrices— es, algo después, el icono de *Rayito de luna* («fuiste luz en mi sendero») de Ermilo A. Padrón con música de Guty Cárdenas, difundida en arreglo de Los Panchos. Y la *Muñequita linda* es, claro está,

> *de cabellos de oro*
> *de dientes de perla*
> *labios de rubí...*

Hasta que se abran paso los «ojos negros, piel canela, que me llegan a desesperar...» de Bobby Capó. Contraste, paradoja: el bolero —producto del

*Bobby Capó.*

romance de la guitarra española y del tambor antillano (y de otras músicas que iremos desgranando), también canta verdades sociales, que no todo es color de rosa en el mundo, ni no-todo es sufrimiento amoroso... que el bolero canta también el dolor del racismo, la xenofobia, la pobreza, incluso de aquello que antes se llamaba «lucha de clases», y hoy... perdida en esta maraña de «lenguajes transparentes» y de «muerte de las ideologías», no sé cómo se llama... pero existe: *eppur si muove* hubiera dicho Galileo. El recorrido nos obliga a repetir que el bolero —como el tango (la palabra es de por sí elocuente)—, es una mezcla de culturas de África, Europa y las Ámericas (que hay muchas, y unas hablan español, otras inglés, otras francés, otras papiamento, otras quechua… y no sigo por no marearlos en esa Babel)… de tal forma que el elemento *negro* es consustancial. Subrayé antes que nació entre los cañaverales y los ingenios azucareros: es decir, entre los esclavos africanos. Y hoy —en nuestro mundo actual— después de *Bésame mucho,* escrito en 1941, es decir, después de Pearl Harbor, nada ha vuelto a ser lo mismo, sin olvidar que todos somos cómplices de los horrores de Auschwitz (el exterminio sistemático de judíos, gitanos, homosexuales, comunistas, socialistas… ¿sigo?), y de la intrusión de los nacionalismos fundamentalistas en el mundo (la dramática confrontación xénofoba de lo que fue Yugoslavia aún nos hostiga).

Elipsis que nos obliga a puntualizar cómo recoge esta complejidad el bolero. Comencemos por un clásico: *Angelitos negros* —letra del poeta venezolano Andrés Eloy Blanco— en la voz andrógina de Machín, o en la versión dramática de Olga Guillot, o la angustiada de Ruth, o la aterciopelada de Toña. El bolerito se las trae… niega el «narcisimo de las pequeñas diferencias», y ese oscuro ángel que carroñea sobre las diferencias, convirtiéndolas en secas, rígidas, como personajes del Bosco. Y si de diferencias y multiculturalismo hablamos, la «Sensación Jarocha» está grandiosa en *Reina africana* (de Manuel Romero Torres). En este símbolo compartido que es África —compartido por americanos y europeos, pues la cultura occidental se forjó en la vastedad cultural de África—, Toña, como antes el poeta antillano, para ser más precisa, puertorriqueño, Luis Palés Matos y nuestra grandiosa Julia de Burgos (ambos poetas, en voz de Lucecita, son una pasada), no invocan la negritud como mónadas con puertas y ventanas tapiadas, ni para que el otro «diferente» inicie una tertulia de bárbaros que se disputan el terreno y amenazan al vecino con el garrote. ¿Se puede agarrar el garrote cuando se escucha una canción de cuna como el bolero *Duerme negrita* (de Emilio Grenet), en voz de Bola de Nieve?

Estos boleros nos ofrecen claves para entender la diferencia, el mestizaje, la mezcla —que no hay nada puro, por suerte— lo que hay es una riqueza mal repartida, donde unos son inmensamente ricos y otros se mueren de hambre. El campo andaluz y las tierras gallegas —tierras de inmigrantes y de migraciones hasta el presente— saben de esto. Dije mestizaje —que también Europa es mestiza, y sobre todo, la mediterránea—, ¡ay, ay! Leamos y releamos al gran historiador Braudel que convirtió en objeto de estudio el mar Mediterráneo, *Mare Nostrum.* Pues bien, dijimos inmigración —recordando que, por ejemplo, España ha sido históricamente país de migraciones e inmigraciones, al menos desde 1492, cuando no de exilios (los judíos, los árabes, con la caída de

Granada, los liberales durante el siglo XIX, a tal punto que Larra llegó a escribir que «ser liberal era ser emigrado en potencia», ojo: lo que quería decir liberal entonces, que serían las llamadas izquierdas a lo largo del siglo XIX y durante la Guerra Civil). En fin, que, como el jibarito borinqueño, de Rafael Hernández, todos los miembros que componen el Estado español, y muchos pueblos del mundo llamado subdesarrollado (subdesarrollado por la explotación del otro), conocen el dolor de la migración del campo a la ciudad (los andaluces, por ejemplo), o la inmigración a otros países, el puertorriqueño en Nueva York, y ahora los haitianos, los dominicanos, los bolivianos, peruanos... y muchos etcéteras que han transformado la urbe niuyorkina en puntos de luz morena, moruna y canela. Que el bolero toca ese *agujero negro* (también el tango), el dolor del inmigrante, la amargura de la pobreza, el cuchillazo de la ira.

Y no digo más. Como objeto vivo, como hidra de muchas cabezas, como boa constrictor, como discurso de frontera, como tentacular instrumento todo lo absorbe, como los *agujeros negros*, y los torbellinos, también canta la diferencia, o la verdad de la opresión racial. Pero no hace un alegato contra el Otro, ni tampoco se dedica a la denigración y el maltrato del vecino, sino que incorpora expresiones colectivas en otras lenguas y en otras tonalidades de piel, si se quiere, donde se han elaborado y erigido normas e ideales sociales y culturales. No se trata de El Ejido, ni del maltrato del gitano, o el terror de los pobres inmigrantes que van llegando del vasto este de Europa, o de las pateras, o de los que cruzan esa frontera imaginaria entre Estados Unidos y México, los «wet backs», y los negros y latinos, que desatan las furias de ese horror que se llama la «mayoría blanca» en los Estados Unidos (tan admirados en esta Europa neo-liberal, que silencia que el reino de los ricos es el espacio donde más pobres en la calle hay, y más sectas y más fundamentalismos... y no sigo). Ese terror pánico y ese canibalismo contra el Otro, que Freud traza magistralmente en *El malestar en la cultura*. Y —zas— termino esta elipsis trayendo a los oídos la voz de Machín, y un bolero que cuenta verdades como puños que decía mi abuela: *Negrito ¿de qué?* Pues sí, ¿de qué?, si el sol brilla para todos...

Demos ahora un salto atrás, retroactivo, y volvamos a esas que prefieren los caballeros.

### Si Marilyn hubiera cantado boleros...

Con las muñecas rubias de labios carmesíes estamos en el ciclo de los frescos femeninos modelados según los arquetipos renacentistas de los cuadros del

Palazzo Pitti y de la Galleria Uffizi, la memoria segunda del bolerista exhibe su maestría creciente de crear posibilidades ilusorias para despertar el deseo de separar entre la realidad y la ficción. Se sirve de las luces, de la perspectiva, en ejercicios de virtuosismo con acertada elección expresiva.

En esta galería histórica imaginaria, la erótica occidental no enardece la idealización del amor-matrimonio ni el mercado matrimonial entre sus textos culturales. La envoltura ritual del amor de caballero exhorta a la dama elegida en artificios y ardores. Esta erótica se encaminó por rutas estilísticas profundamente diferentes y arduas. En su perspectiva moderna, desde sus inscripciones originarias, la temática, los tropos, se abren nuevos caminos en el interior del campo de libertad, en búsqueda aventurera.

Las nuevas —modernas— figuraciones amorosas nocturnas las abre Baudelaire, en el centro urbano de la Francia moderna, con sus flores del mal. El poeta magnetiza la ambivalencia de las simples *floretti* franciscanas, las hace resbaladizas. Y el poeta de los prostíbulos y marginados, el fundador de la poesía voyerista moderna, centra su fetichismo otra vez en las mismas zonas: la cabellera, los ojos, la boca. Algo más indiscreto resbala su olfato por los perfumes, se posa en el maquillaje e introduce la mirada por la ropa interior y la baja a los senos y más allá: «son bras, sa jambe, sa cuisse, ses reins», «parfum chargé de nonchaloir, éxtase». Sus flores cambian de esencia, de sujeto: ángel/diablo, donna/puttana, en rodeos de spleen, humo, noches de ronda. No le va a la zaga Mallarmé en su pasión por perfumes y cabelleras. Agustín Lara, como todo moderno/modernista, recoge esta tradición en su nocturno spleen fetichista de ambiente mexicano.

El arte de amar se multiplica y volatiliza en pública, se democratiza, para dar vueltas y revueltas; este amor «moderno» va tendiendo irresistiblemente hacia la música, que lo alimenta en pulsiones de piano y de guitarra. El Romanticismo y el *modernismo/modernidad* dieron el segundo tono.

Hagamos una digresión, siempre precisa, para trastornar este discurso fronterizo que es el bolero. Nace de la servidumbre y de la libertad, es un imposible de traducir, e intenta nombrar aquello que no existe: la relación sexual, la simula. Pero volvamos por ese discurso de libertad y en libertad que surge con la modernidad.

Partiré de la paradoja del momento histórico preciso en que aparece, y derivaremos su origen al discurso de la emancipación de la esclavitud, para indicar cómo termina siendo el discurso del amo, pues la mujer es, en el sentido más servil, su súbdita, y letra y música son formas de situarse como hombres y abordar a la mujer. Su desenvoltura y contradicción provienen del discurso modernista (y antillano), sólo comprensible si entendemos el bolero desde sus orígenes como forma de vínculo social: discurso. Esta música —nacida a la sombra de los cañaverales tropicales— hace inestables las jerarquías y el orden simbólico y social; es traducción y reescritura de todos los relatos programáticos del amor occidental cantado por juglares y trovadores para celebrarlo. Pero al mismo tiempo trastorna las direcciones del pasado y establece nuevas formas de hablar el cuerpo y calmar sus exigencias rituales.

El hecho de que el bolero surgiese (como el danzón y el son y el blues) hacia 1888, nos permite aventurar que está en estrecha relación con la abolición y desintegración de la esclavitud en las islas antillanas y en los Estados Unidos. Dibujemos un cuadro de La Habana hacia 1860, para pulsar sus ritmos; la ciudad ofrece el espectáculo único de una población esclava que vivía independientemente de sus amos. Es La Habana de Julián del Casal, recordado por sus transgresores poemas que exploran los espacios que el amor homosexual inviste de deseo, los placeres del erotismo sigiloso en una urbe cosmopolita, de modas variables, casas de juego, casas de prostitución, salones de baile, cabarets; es, en definitiva, la geografía de la vida bohemia.

*Pepe Guizar.*

La baja tasa de fecundidad entre las mujeres esclavas —prosiguiendo la línea de los hechos— es dato conocido; es forzoso que la demografía fuera el resorte secreto para hacer brotar el entusiasmo colectivo y las ilusiones más sublimes para este culto a la mujer, expresado con las sutilezas de las lenguas amatorias más exquisitas. Este culto occidental se *amulató*, se hizo descortés, al mismo tiempo que se ennobleció al transponer la cortesía y la unidad de lenguaje y de modales a la población mulata. Esta desarmonía nos obliga a una doble lectura: primero, esta música popular pone de relieve la lucha por el signo en el terreno de la heteroglosia; segundo, la afluencia del universo semántico deja sentir los estertores de la apropiación del capital simbólico del amo. Se reconocerá la estela de la gran tradición amatoria europea, inserta en ritmos mulatos y mestizos, con entonación antillana. Al mismo tiempo, los trovadores populares cultivan un lenguaje ocupado; se apropian, de manera simbólica, de los placeres reservados para los amos, única clase y raza a la cual le era permitido idealizar y espiritualizar el cuerpo; con esta usurpación del lenguaje amatorio, la *bruta animalia* legitima las ternezas y delicadezas del culto cortés. La lírica así amulatada se alimenta del amor cortés como invitación abierta a utopías de deseos y seducciones consumadas que, en definitiva, representan la democratización del deseo en armonía con los espacios colonizados.

Se puede decir, entonces, que la lírica erótica occidental en todos sus cruces, en el *hors-text* que el compositor mulato descentraliza: los motivos y tropos de cisnes, princesas, diosas, marquesas y arlequines apenas encubren la carga erótica. Cada icono ha sido dibujado por «músicas señoronas» y cincelado por conocidos trovadores y militares guerreros. La transculturación de signos funde las fuentes castálidas y ritos aristocráticos en ceremonias esotéricas, consultas mágicas, acciones votivas donde conviven muchas divinidades. El multiculturalismo y la poliglosia del bolero caribe provienen del microcosmos de las plantaciones, donde convivían muchas lenguas: el africano, el español, el portugués, el chino. La lírica permitía explorar valores, postular reglas y convenciones de comportamiento, al mismo tiempo que revelaba la vida emocional de las colectividades, las identificaciones amatorias, las formas de articular y definir el deseo.

Pero además, el romanticismo y su cultura de las lágrimas mueve las pasiones, de las cuales esta música bailable es el síntoma. Síntoma, claro, de que todos queremos amar, ser adorados, y ser siempre felices, como en los cuentos de hadas —que ya Bruno Bettelheim mostró que detrás de la máscara de Caperucita Roja se esconde la pasión por el canibalismo del lobo. Pero canibalismo de lado, hay que reconocer que no faltan alusiones a la antropofagia en el vocabulario amoroso del bolero. En todo caso, retengamos lo importante: que este discurso de amor es un canto, y su más inmediata inscripción del goce. Podríamos incluso sugerir que el equivalente de este discurso amoroso, de esta ondulación jubilosa de la voz, es la regla del *trovar*. Y se reúnen el vehemente deseo de plenitud, cuando no el deseo por un ausente, que hace perder la compostura y gemir, llorar, rabiar, gritar, atormentarse y desfallecer.

## Señora tentación

Volvamos a tejer el hilo. Desde los círculos mundanos de las grandes cosmópolis y de las urbes europeas y americanas, surgen diferentes modulaciones amatorias: la *chansonette* del *café concert* en París, voyerismo caro a los simbolistas y los pintores «modernistas». Y la gran recordada estrella-voz de fin de siglo y de la *chanson*, es la gran Yvette Guilbert (admiradísima por Antonio Machado y pintada por Picasso). Los bohemios finiseculares nunca llegaron a escuchar ni un tango ni un bolero, pues tardaron tadavía una veintena de años para cruzar el charco; ya hacia 1910 el tango hace su entrada triunfal en la capital del placer. Hacia entonces, fue famosísima en Viena Anita Berber, quien con el esperpéntico Sebastian Dröste, entusiasmaba con sus bailes expresionistas titulados *Martirio, Cocaína* y *Bailes de vicio, horror y éxtasis*. Insurgencia o lucro, el baile es lo nuevo que surge y produce un descentramiento social. Pierrots, polichinelas, princesas —desvaríos todos que modulan los diarios finísimos de la intimidad. Que no se nos pase por alto que el *bolero* es mezcla de África, Europa, y las Américas; que se aferra a lo andaluz, a la *chanson* francesa, a las arias operísticas (eje del barroco), a las baladas románticas napolitanas, al *blues*, y a todo esto le introduce el tambor africano, además de lo recitativo, y de la entonación. Revela al fín y al cabo, que los dioses no pueden hacer por los humanos, éstos han de hacerlo por sí mismos… son palabritas de Palas Ateneas en *La Odisea*… lo que nos lleva a puntuar, que el bolero es el Ulises de la música… y la pregunta clave que nos hace es: ¿Qué dosis de verdad puede soportar el ser humano? —así lo planteó Nietzsche, que no conoció el bolero. Dejando de lado las incursiones de *mono sabio*, ¿no es evidente que se toma en serio el amor, eso que nunca marcha? La dimensión cómica del amor —que el Romanticismo nos impide ver— tiene que ver con el deseo «cornudo» (entramos por la música humorística y paradójica de la plena, el merengue, ese «perico ripao» dominicano, donde reina Juan Luis Guerra, pero ahora, las merengueras puertorriqueñas, como Olga Tañón, Jailene Cintrón, Sandra Torres, Mayra Mayra… y toda su progenie).

En estos espacios sociales el erotismo y el cuerpo se sienten de forma diversa. La música popular emerge como una maquinaria anti-opresiva: el discurso del «otro» y de la «otredad» seductora que libera el cuerpo. Bolero y tango encuentran en las urbes modernas en proceso de modernización —Cuba y Buenos Aires— su destino. Ambos son una modulación particular de conocimiento de anotaciones finísimas sobre la corporeidad de la historia. Es decir, estamos ante el comercio de la «voz» humana y el cuerpo. La palabra muda o murmurante sobre la sexualidad, que anima desde el interior a quien la escucha. Son fenómenos multisociales, en un sistema complejo de lenguajes amatorios, de dialectos del cuerpo y también sobre el cuerpo.

En estos espacios públicos, el amor se convierte en el final de toda una aventura nada incierta, en el siglo XIX ya callejera y nocturna. Se lanza un nuevo estilo, un pasaje a nuevas formas de cortejar, de hablar, de vestir, y se adivina una preocupación por establecer una diferencia de fronteras borrosas, entre la fantasía y la pasión amorosa y el compromiso del deseo. Los diálogos son pensamientos situados en nuevo espacio. Los lenguajes soñados toman cuerpo y pronunciar solamente una palabra nos llena de estremecimiento:

*Él: ¡Mía!*
*Ella: ¡Me dijo mía!*

Estas vueltas de mi memoria no son un azar. Me parece ver —según me cuentan— los silencios que toman cuerpo. El erotismo, la seducción, el deseo se introducen en lo sensible, y ya no se limita a hablar a través de su significación; se expresa en sus espacios en blanco, en los cuerpos, en los pliegues de las páginas, en el envés de las letras.

En toda esta proyección y este viaje, lo imaginario desempeña un papel, pero no se aparta tanto de lo real. La naturaleza de las cosas, figura movible siempre, de transformaciones implacables del sujeto, no convierten el amor en un objeto bruto y sin factura, sino en una superficie elaborada, minuciosa, cincelada por la aplicación de muchos orfebres. Este mundo de finezas nutre el *modernismo,* y de estas finezas y ocultaciones lúbricas detrás de la corriente viva de las palabras, emerge el bolero caribe.

En el archipiélago de las Antillas, a la entrada del Golfo de México, en la isla de Cuba y en 1885-1886 —después de la Guerra de los Diez Años con la metrópoli que cantaba a ritmo de la sicalipsis del cuplé— se revela y estalla el

*Jorge Negrete, José Sabre Marroquín, José Crespo, José Mójica, Chucho Matetínez Gil y Alfredo Gil.*

bolero en pulsaciones y estrategias de inversiones de los poseedores y los subposeedores de la palabra y el deseo. Toda la música está ahí para decirnos lo que queremos en desplazamientos de saber, querer, poder, desear. La elección de la música popular moderna es un imperativo. Ya en la misma isla antillana y no muchos años antes —en 1875 y 1879— se inician el Modernismo y el *danzón*, uno y otro se contagian, uno y otro marcan la modernidad americana. *Tristeza...* el primero conocido... tristezas que se entreverarán en contrapuntos del polirritmo del cuerpo. Por entonces, y en 1888, otro gran hito: *Azul* y el primer registro hispánico conocido de la palabra «modernismo», empleada por el centroamericano Rubén Darío desde suelo chileno. Entramos en la modernidad literaria y en la desesperación de la voluntad.

Este *bolero,* cuya cartografía originaria —según mi vértigo imaginario de principios— proviene de los salones y palacios europeos renacentistas, pasa con el modernismo a la burguesía, a los marginados y al pueblo. Poetas, bohemios y público corean en lenguaje de exquisiteces un viejo amor, tristezas, golondrinas viajeras, peregrinas. Estas historietas amorosas de estilización narrativa y de cierto tipo de candidez, vienen también cargadas de ironía y autoironía: todos procedimientos literarios, aunque se diferencien notablemente de aquellos usados por el autor «culto» en las obras escritas. El bolero libera la figuración y el sujeto, lo diseña de otra manera en noches de ronda, gardenias, ojos verdes, ojos dulces, claros, serenos (arsenal de aquellos ideogramas del madrigalista sevillano Gutierre de Cetina, que murió en México). Si en los últimos veinte años del siglo XIX se inicia el género musical propiamente dicho en la Cuba martiana (según los expertos), ésta lo lanza en las olas del mar a México, Centroamérica, a las otras islas. En viajes de ida y de vuelta, como todo viaje de bienes culturales, el bolero va y vuelve lleno de nuevas palabras y verdades; siempre en movimiento, con cada nueva lectura del cuerpo. El modernismo americaniza este lenguaje de finezas y exquisiteces al difundirlo.

El objeto puro de esa orfebrería cortesana desaparece del horizonte de la palabra para entregarse al horizonte del sentido. Allí las mismas palabras —mujer, amor, dama, ojo, mirada, boca— se elevan a la potencia superlativa, atrapadas en una espiral de redoblamientos. El amor es más amor, lo verdadero más verdadero, lo bello más bello, la promesa más siempre. Toda mirada goza de un efecto de vértigo en pasión de redoblamiento: tú, yo, siempre, nunca.

De toda la tradición que alimenta el folklore popular, toma el bolero sus proteicas formas: versos paralelísticos, imágenes prosaicas y/o aristocratizantes, la tradición paremiológica o de refranes, los esquemas y clisés del conceptismo. Estos cuerpos y recursos típicos y temáticos vuelven a expresar las efusiones de amor, de duelo, en el dominio del dolor o el dominio del goce. El cuerpo del lenguaje siempre movedizo de las ternezas, reacciones, penas, quebrantos, rupturas, hace arabescos en nuevos rostros de amantes rendidos o amantes abandonados. La lírica se alimenta de juegos y dolores, en un cuerpo formal estructural que sigue sus vías. En realidad, el bolero es una música rebuscadora de *madonas,* música respiratoria del sí y del no, el *yin* y el *yan,* de la cercanía y la ausencia; sístole y diástole del deseo, yin/yan de siempre/nunca.

*Se non è vero...* cierto en todo caso que el bolero es aporte inmigratorio de palabra, de música y de letra.

En el *Bolero* (s. v. *bola*) florecen los distintos significados de un significante en conexiones semánticas de polisemias y homonimias sss... (con perdón de

|  | |
|---|---|
| *Yin* | *Linda como el alma de una rosa* <br> *divina y hermosa...* <br> (Rafael Hernández) |

| | |
|---|---|
| *Todo pasó,* <br> *Ya tu amor de mi vida se fue.* <br> (Bernardo Vázquez) | *Yan* |

| | |
|---|---|
| *Yin* | *Hoy todo es dulzor,* <br> *vuelvo a encontrar lo que perdí...* <br> (Edmundo Disdier) |

| | |
|---|---|
| *Esperanza inútil* <br> *flor de desconsuelo* <br> (Pedro Flores) | *Yan* |

| | |
|---|---|
| *Yin* | *¿En dónde estás, oh mujer imaginaria?* <br> *¿En dónde estás, oh mujer de mis sueños?* <br> (José Mojica) |

| | |
|---|---|
| *Usted es la culpable* <br> *de todas mis angustias* <br> *y todos mis quebrantos.* <br> (Gabriel Ruiz) | *Yan* |

| | |
|---|---|
| *Yin* | *Divina ilusión, que yo forjé* <br> *un sueño que no se realizó.* <br> (F. Chopin/E. Quezada) |

| | |
|---|---|
| *Tú volverás, has de volver* <br> *a mí vencido.* <br> (Germán Lebatard) | *Yan* |

Ricardo Cantalapiedra), y conduce las pluralidades e igualdades de sentido a lo figural: la imagen que se dirige a la vista y a los sentidos. Además de su acepción castellana —«cierta canción cubana»— ha dado asilo a la migración musical y al sincretismo americano.

Es un híbrido, es lo que permite los desplazamientos, despierta lo heterogéneo, lo fragmentario, la cita reacentuada, el cruce de fronteras, la volatilización de géneros, la heteroglosia, la poliglosia, la palabra referida, los juegos de lenguaje que se mezclan en contradicciones, en ironías, agudezas, parodias; aún más, se produce el encuentro entre el lenguaje y de *la-lengua*. La mezcla de ambos —en sentido muy preciso lacaniano— crea la contingencia y las discontinuidades que afectan a todos los discursos y la existencia misma del Otro. Se autocita, se repite, se muerde la cola, se autoparodia —¿o no es autoparodia Paquita la del Barrio, que ha socavado los cimientos de ese duelo que es el deseo en México y correteado por el mundo su *Tres veces te engañé...*? De la dispersión surgió también el famoso *Se me olvidó que te olvidé*, un Funes desmemoriado que interrumpe, para ser una vez más reconquistado— en síncopa.

Luminosamente, sobre el fondo oscuro, el alfabeto de los astros inscribe en el bolero, con la tinta del azar, los elementos de lo absoluto: la canción, el danzón («riacatán»), la habanera, el *blues*, el vals, la ranchera. El bolero es el infinito fijo, lo indefinido captado dentro del signo, y todo se incorpora a este cuerpo. El cuadro es vívido y transparente; en ojeada de conjunto se revela que la música popular deriva, en última instancia, de «matrimonios desiguales». Todas las modalidades y figuraciones se integran, se re-organizan en los interiores del bolero a partir de grupos muy nutridos de materiales, desde su interrogación del amor cortés, en sus confluencias con nuevas pasiones. El bolero es un nombre que evapora una ostentosa riqueza de significados.

Ríos de deseos, con afluentes vertiginosos con secretos de *langue d'oc* de la lírica provenzal, que trae aún efusiones de campos de trigo y de lavanda que se mezclan con briznas de palmeras, Naturalezas vivas, contra la muerte de los museos y las prisiones de las palabras. Lo concreto: la lengua del deseo. Sin olvidar lo que, no sin barroca paradoja, nos dice el gran filósofo y analista del deseo, Jacques Lacan: Entre el hombre y la mujer hay la mujer, entre el hombre y la mujer, hay un mundo, entre el hombre y el mundo, hay un muro... ¿cuál? Pues anda, eso que se produce sólo por el hecho de estar sujetos al lenguaje. Elipsis, retroactividad, o pura digresión, entretejo, prisionera del lenguaje: la paradoja es que se canta un *siempre*, cuando se sabe que eso «no marcha», y se construyen ideales —muñequitas, boquitas pintadas, piel canela, venuses...— sobre esa *no-toda*, ese Otro del lenguaje —que es la posición femenina— que intentará siempre romper con cualquier conceptualización. Y nunca —y ya lo decía el gran filósofo Kierkegaard— habrá dos mujeres iguales. No hay prototipo de lo femenino. Dejo ahora de lado el lacanismo y la filosofía, para entrar en el goce femenino, que pone en jaque el «paratodeo» masculino. Y valga la palabreja. Y aquí paro en seco.

Si se descubriera otra vez este Nuevo Mundo, ¿sabríamos verlo? Podemos contestar enseguida que mucho ha cambiado desde los tiempos de Colón y la *langue d'oc:* en los últimos siglos esta música —del bolero hablo— nos ha permitido desarrollar una capacidad de observación objetiva, un escrúpulo de precisión al establecer analogías y diferencias sobre nuestros sentimientos. El bolero nos convirtió en exploradores. Es la expansión total de la letra, en movilidad y espacio por correspondencias instituye un juego amoroso cualquiera (romántico, decía mi abuela), que confirme la ficción. A veces tiene orientaciones diurnas, otras es noctámbulo y ojeroso; otras un océano de grandezas, de pensamientos y de emoción. Considerables frases perseguidas, en entonaciones distintas, como los caracteres gruesos de una página de *El golpe de dados;* una palabra por silencio, emplazada, que mantiene al oyente jadeando en la duración de la música, con una llamada a su poder de seducción.

¿Pero será realmente así? No sé en qué momento recibiré un desmentido de mis expectativas de viaje imaginario por las cartografías amorosas, o una confirmación de semejanzas aprendidas.

# Modernidad, Modernismo, Bolero

Este lenguaje amatorio y su ritmo se inscriben en 1885 o 1886 para unos, 1898 para otros (el tango en 1880). El autor de la letra del bolero recoge todo el universo de finezas amatorias; el nuevo trovador no puede dejar de mirar las relaciones amorosas con los ojos de esta cultura en la modernidad. Apoyándose en esa cultura pasada, el bolero renueva aquel lenguaje en circularidades y se organiza en confluencia con el fin de siglo moderno/modernista y con la Guerra Hispanoamericana inscrita en versos darianos bajo el signo del cisne. Alguno afirma que se instaló en 1898, a raíz de la ocupación de las tropas militares norteamericanas en Cuba y en Puerto Rico. Nadie sospechaba que llegase a la isla antillana la sonoridad de William Christopher Handy, padre y maestro mágico, del *blues*, y que pusiera en movimiento la fantasía. Este pianista alcanzó gran fama hacia 1920, fecha que marca —a su vez— la década brillante de la música y la literatura de los negros norteamericanos con Duke Ellington y el poeta Langston Hughes. Estamos en pleno Renacimiento de Harlem (Harlem Renaissance). En Puerto Rico pronto se oyen la musa de Julia de Burgos y de Luis Palés Matos, la música de Rafael Hernández, y a su vez, en México el *spleen* de Agustín Lara, y en Buenos Aires el tango-canción de Carlos Gardel. La I Guerra Mundial, la Revolución Mexicana y la Revolución Rusa son el trasfondo de estas relaciones detalladas y coloridas. Nace el mito de la vida feliz, que no conoce la fatiga, como en la edad de oro o en el Paraíso: el temblor cósmico del bolero.

En cuanto género cantable y bailable, el bolero surgió en la cabeza del archipiélago del Caribe —Cuba— y de su pariente andaluz sólo conserva el nombre. Emerge (como el tango, pero bajo otro signo) en el tercio final del siglo XIX en la trova tradicional de Santiago de Cuba. Entre sus más tempranos intérpretes se encuentra el sastre José (Pepe) Sánchez, adelantado y maestro del género según los historiadores. A él se debe el lírico *Tristezas*, de dos períodos musicales de 16 compases, separados por un pasaje instrumental, ejecutado en las cuerdas agudas de la guitarra, al que llamaban *pasacalle*. Este pasaje se considera la primera gran síntesis vocal de la música cubana. En el bolero tradicional se percibe la fusión de factores hispanos y afrocubanos, en un compás de dos por cuatro. En la segunda década del siglo XX, va evolucionando y se enriquece: bolero *son*, bolero *moruno*, bolero *mambo*, bolero *beguine*, bolero *feeling*, bolero *ranchera*. Junto a Pepe Sánchez, figura Nicolás Camacho, maestro musical que pertenecía al grupo de trovadores de la Plaza de Marte y que participó en la Guerra de Independencia cubana y se unió al general Antonio Maceo en 1895.

Bolero/modernismo/independencia. En esta trilogía de maestros y precursores resta por mencionar a Alberto Villalón, alumno del taller de orfebrería lírica y musical de Pepe Sánchez, quien estrenó en 1906 la revista musical *El triunfo del bolero*. En los albores del siglo Villalón componía boleros, tañía la guitarra y organizaba cuartetos; de sus composiciones se recuerda sobre todo *Boda negra*, subtitulado bolero *capricho*.

Como toda modernidad, esta proteica música nueva se siente atraída por las velocidades superiores a las de la luz. Y triunfa en simultaneidades cultas y científicas, como parte del gran texto cultural moderno:

> un año después de *Cantos de vida y de esperanza. Los cisnes y otros poemas*, y el *mismo año de la publicación de la Teoría de la sexualidad de Freud*, y del cuadro *La alegría de vivir de Matisse*.

Y bien: cisnes, princesas, golondrinas, mujeres lánguidas, aceleraciones tomando cuerpo bajo el lente de la nueva sexualidad que, en los cafés urbanos, no esconde su alegría bohemia.

Es muy difícil que toda esta simultaneidad no forme parte de un mismo cuerpo, desde que la aceleración se ha convertido en nuestra condición, ampliando la dimensión flotante de la realidad.

*...es la historia de un amor...*

Bolero-ritmo y bolero-canción. La canción, que cruza sus aguas con la tonadilla, la ópera, la canción napolitana, el vals lento y los cancioneros españoles que incorporan el tema amoroso, la casuística amorosa contextualizada y recontextualizada en mutaciones felinas (otra vez Baudelaire), el frenesí turbulento de encadenamientos de letras y textos. Si en sus cartas de amor a Méry Laurent (a quien mantenía un dentista americano), el poeta nocturno llamaba «pájaro» a su amante y asimismo «gata», no nos debe extrañar que el bolero a veces suena a nuestros oídos como una inversión de sexos. Al menos, una androginia. Alternando las voces y los cuerpos se cantan duelos, quebrantos, ceremonias, iniciaciones, rituales del juego secreto del deseo, en prosodia literaria y prosodia musical.

Estos primeros pasos vacilantes fíniseculares llegan a su expresión triunfal en el siglo XX. Mientras la poesía culta intenta en vano «torcerle el cuello al cisne», la lírica popular estalla en desplazamientos sociales, para *faire prosodie*. Y no nos dejemos engañar por las teorías convencionales que sólo admiten como lírica popular un puñado de canciones que se someten a la arqueología crítica. «La musique avant toute chose», había dictaminado el gran maestro Verlaine; aquel noctámbulo lirófono celeste, según nos hizo saber Darío. La lírica amorosa en música encuentra ahora su destino democratizado, que escala los salones danzantes —los primeros que se registran en la Península y en

alguna urbe hispanoamericana se remontan a 1870—. Ciertamente estos espacios nocturnos sacados de una nueva experiencia social, visual y gestual, perceptiva o imaginaria son índice de nuevos comportamientos sociales y sexuales. Entonces la letra y la voz entran en lo que constituye la escena del cuerpo. Ahí, en esa modernidad, es donde se representa el juego del deseo; allí entra en la elipse de las formas y del movimiento, en la danza, donde la palabra poética escapa a su inercia, en el gesto, donde se desata, en el aura de la mirada, donde se convierte en alusión, elusión, ausencia. Allí en el baile la voz y la letra se ofrecen como seducción.

Del salón de baile de la burguesía llega también al fondo de la casa del trabajador, y al baile al aire libre de las ferias y festividades públicas; los espacios del «carnaval» político, del utópico social/sexual donde, por unos instantes, todos somos iguales. Las mismas palabras capitales —amor, pasión, orgullo, engaño, delicadeza, impaciencia— se levantan en recorridos de significación. La palabra realista termina en el volumen y la maravilla del preciosismo: «las perlas de tu boca», «Venus de Citere». Cada caricia a la cuerda de la guitarra despierta y hace temblar el carillón alegre y esperanzado.

Aparece algo nuevo en cada bolero. Es la acuñación, el espectáculo mismo de la palabra. Los nuevos trovadores de la nueva *langue d'oc* —lengua del sí—, se llaman Pepe, Chucho, Guty, Nilo, Joe, Tito, Bobby; cantan el mundo metaforizado del deseo. A veces el deseo se trifurca (el triángulo de René Girard); el sujeto del deseo, el objeto del deseo, y el (o la) rival. No hay que minimizar en el bolero la importancia de este tercer término: el rival, la rival, la tercera persona (el tercero que anda a tu lado, del poema de T. S. Eliot). Esta sombra abre... que abre la puerta a los fantasmas y figuraciones de la noche oscura: *Perfidia, Noche de ronda, No te perdono más, Amor perdido, Amor robado, Desvelo de amor, No te necesito, Reloj, De mujer a mujer* sólo tienen sentido bajo la ficción del tercero o la tercera. Bien sabe nuestra musa mexicana, Sor Juana, de estas sombras... ¿No es esto lo que nos quiere decir en su soneto «Detente sombra de mi bien esquivo»? —que la monja tenía un profundo saber sobre el amor, sabía con dolorosa profundidad que el amor es una aventura en el mal. El miedo a precipitarse al vacío, la realidad de los celos, se convierten en escenario y sala, se representan en el espejo de otros ojos que miran, de otras manos que acarician. *De mujer a mujer* (escrita por Esteban Taronjí) indica una especie de exceso masculino que introduce una densidad en el hilo del texto; «representa» el sujeto femenino. Con este último bolero el voyerismo masculino imagina una escena de celos entre mujeres, y está abierto a todas las interpretaciones posibles. El tercero/la tercera y el discurso de los celos; éstos —había escrito Schleiermacher— «son una pasión que busca con ahínco lo que procura pesar». La provocación del deseo es su centro de gravedad.

Este cuerpo icónico, lleno de signos desde la prehistoria de la *langue d'oc* —en mi vértigo de génesis imaginaria— adquiere hacia 1925, en la era del

Charleston (los «gay twenties»), el *Art déco* con sus mujeres transgresoras y ornamentadas, y la musa funambulesca del «esperpento», nombre y existencia propia en Yucatán (hacia las mismas fechas que el tango con Gardel). La canción *Ella*, versos modernistas del dominicano Osvaldo Bazil, escrita en «ritmo de bolero» por Domingo Casanova: «Ella, la que hubiera amado tanto...».

Hacia la misma década de 1920, la mexicana María Grever, residente en los Estados Unidos,

*Olga Guillot.*

en viaje de vuelta, trae en su equipaje la canción *Rayito de sol*. La fecha de 1929 inscribe ya, de manera definitiva, la carta de ciudadanía del bolero con el *spleen* mexicano-baudeleriano de Agustín Lara. Al trasfondo de esta pantalla siempre moviente, Lara pone de moda *Imposible* (escrita por José López Alavés). Ella... imposible... en utopías que liberan el deseo mediante voces, cuerpos que se multiplican en ondas a través de la radio: la CME de Cuba en 1929 (antes Cuban Telephone Company), y las difusoras que van punteando el mapa de «nuestra América» (la de Martí) de los discos (Southern Music Publishing Company). Con la Voz de la América Latina (radiodifusora XEW en México), los significados estallan con cantantes, guitarristas, pianistas, compositores. «¿De dónde son los cantantes?»... en ritmo de son.

Hago un alto... no, más bien tomo una curva cerrada... Nos hemos deslizado ya por la ambivalencia, la ambigüedad, la androginia... hemos rozado el modernismo y ese fenómeno deliciosamente expuesto de venuses —y de Citere—; es fin, esa escritura expuesta a la reescritura constante. Llegamos así al fenómeno de la *femme fatale*, que si bien es caldo de cultivo de los grandes modernos, como Baudelaire, Toulouse Lautrec (en pintura), entre tantos otros, adquiere resonancias especiales con la musa bohemia de Agustín Lara.

Cambio de espacio. *Close up...* recorrido de la cámara por un *escenario voyerista* —por el repertorio de modelos, el rico nudo intertextual de envíos y citas— la señora tentación, los amores nocturnos... Lara desmonta la iconografía romántica de la mujer; la mujer es así un cuerpo lleno de significantes, que remiten —siempre— a toda la cultura erótica de Occidente. Y... además... hemos de relacionar el bolero de Lara (y de esa época), con el *art déco* —art decoratif, o artes decorativas— con sus mujeres exóticas y eróticas, como las estatuillas de bronce o marfil de Chiparus, Hoffman, Poertzel, Lorenzl, Preiss, Seger, Zach —la hermosura del cuerpo, del gesto; estas pequeñas esculturas siempre en movimiento, están inspiradas en el *music-hall,* ballet ruso y cine mudo. Hagenauer aportó, se dice, el concepto más vanguardista al polarizar las piezas en estilizadas reacentuaciones de Picasso, Modigliani, Brancusi. No hemos de olvidar a Lampicka y sus magníficas figuras femeninas. También la fundición de Hagenauer, y las pinturas de Lagar, Beltrán-Masses, Olga Sacharoff, y Tamburini ni ese *art déco* que podemos encontrar en bellísimas construcciones arquitectónicas. Miami, Puerto Rico, Cuba, Nueva York, Chicago, son denotación abierta de este arte, y también ese bellísimo edificio que hoy ocupa una tienda por departamentos en Barcelona, en la calle Pelayo con esa cúspide de cristal azul (típica de Chicago), o un hermoso espécimen de arquitectura barcelonesa en Roger de Lauria con Caspe... abundan también en Sevilla, Málaga, y hasta la Casa Lis en Salamanca. Y desde luego en cine —todos los films sobre Dillinger, o la mafia de Chicago o Nueva York... Chicago y Nueva York son grandes exponentes de esta arquitectura, y las obras de arte en cristal, lámparas de Dragonfly y Gallé, figuras y joyas y jarrones y frascos de perfume de Lalique, Sabino, y hasta Salvador Dalí... y podríamos continuar...piezas criselefantinas, joyas, cristales, fundiciones, pinturas, bronces, marfiles, muebles de Hoffman, las estilizaciones de Picasso, Modigliani, Brancusi. Y no sigo. Los cantantes de jazz... es también la gran época de Billie Holliday (de tan trágica historia), de Josephine Baker —que conmovió a París—, de las *Betty Bum....* los *gay twenties* se les llamó, y más puntual expresión se encuentra en *El gran Gatsby* y en la vida de la gran bailarina Isadora Duncan. ¡Uf, Cristina, que me quedo sin aire!

Pues esta mujer, icono transtextual, es mariposilla de la inspiración que revolotea alrededor de Agustín Lara; con sus tentaciones, sus noches de ronda, sus niñas choles (aunque ésta fuera de Valle-Inclán)... que para él no son otra cosa que la belleza mestiza que envidiaría Helena de Troya, de haberla conocido, que hubiera causado las iras de Cleopatra. Aludo, claro está, a «La Doña» —María Félix—, no sólo una belleza, también una enorme actriz que protagonizó (y sé que me repito...) muchos de los films de ese gran cineasta que fue el «Indio Fernández» —mencionaré por clásicas *El monte de las ánimas, Adelita.* No puedo, ni quiero, dejar de lado la belleza de Dolores del Río, enorme actriz. Estamos en la Revolución Mexicana, con murales de Diego Rivera, pinturas de Frida Kahlo, con Siqueiros, Tamayo… sigo… y en España «Los Putrefactos», esa vanguardia poética que incluyó a Dalí, a Lorca… bien… bien… echo freno.

Ella… imposible deseo… Ella, utopía del puro goce en el baile nocturno. Música de trasfondo a una lírica de los significantes. Ella… múltiple… moviente: metamorfosis, metáfora, metátesis, encadenamiento de presencias/apariencias, en la fluidez temporal/intemporal y sexual de las formas. El que escribe boleros pone especial cuidado caligráfico en los ideogramas femenino y masculino. El rayo de la mirada crea el fantasma de la presencia, con una configuración suficiente capaz de cruzar sin modificación la frontera de lo inconsciente, lo preconsciente y lo ultraconsciente (uno de los significantes fantasmáticos de Freud). El bolero multiplica las imágenes de la otra, del otro. Es la lírica que abre el espacio de la semejanza, el tipo ideal de lo que somos y lo que deseamos, el ideal oculto que nos falta; pero también la zona de la seducción, del desafío, del antagonismo, del vértigo.

La palabra humana, la poesía de los sentidos es lo importante; la instrumentación se mantiene al fondo, como acompañamiento del mensaje. La música —guitarra o piano— es sólo el trasfondo que hace estallar la palabra, en la entonación de una voz. La voz es el vehículo de expresión, una lírica melosa y almibarada en instrumentación lenta: sólo la voz, todo detalle de disimulo o distracción se acalla, la percusión marca el ritmo, lento, lento, lento. El resto es elemento mínimo. Se minimiza el volumen de los instrumentos para maximizar la palabra, el silencio, las pausas, las repeticiones. Lentos… lentos…

# Es la Historia de un Amor…

## Como no hay otro Igual

Recapitulo esta búsqueda de expresión, de ese Nuevo Mundo llamado bolero. Los escasos datos de que disponemos enlazan el bolero musical y la letra a unos códigos específicos, a partir de la llamada «canción romántica». Si el origen directo, afirman los musicólogos, es el *danzón* (aumentativo de *danza*, pero si se me permite recrear su etimología fonética, *dance-song o dans-ons*), en el siglo XIX comienza un proceso de contaminación con la canción romántica. En Matanzas (¡gracias, Ileana, por el paseo por aquel monumento musical!), una orquesta con un músico y compositor ejecutaban en cornetín una danza, que, por lo extensa, dieron en llamar *danzón*. El giro es, pues, un aumentativo peyorativo, como el «apostillón» valleinclanesco. El primer danzón, *Las alturas de Simpson,* de Miguel Failde, abrió camino a lo que luego sería son, y se amplió el catálogo de la escritura sincopada: el bolero, la conga. El primer bolero (cuenta la experta Olga Fernández Valdés), se compuso hacia 1885. Era de dos estrofas y de treinta y dos compases.

*Bip bip… (así suena mi ordenador con el Trío Matamoros, gracias a Víctor Girona y a Natalia Newe-Fernández), bip bip…*

Las imágenes que tenemos del bolero son voces contemporáneas y casi simultáneas. Si el *son* no se difunde hasta 1900, se remodela entre 1925 y 1940 con el Trío Matamoros, Miguel Matamoros, Siro Rodríguez y Rafael Cueto, que integraron el famoso trío, que en el-nombre-del-padre se llamó como Miguel (nacido en Santiago de Cuba a fin de siglo, 1894, obrero agrícola, reparador de

*De izquierda a derecha Rafael Cueto, Miguel Matamoros y Siro Rodríguez. «Trío Matamoros».*

líneas, minero y hasta chófer urbano), donde ya eran maestros del género «Pepe» Sánchez y Sindo Garay. Y volvemos a la modernidad y al modernismo: Siro, también de Santiago, nació en 1899 y era de profesión herrero, mientras Cueto —el más jovencito— también de Santiago, vio la luz en 1900, y era empleado. ¡Anda ya! El Trío muestra esa voz ocupada de las gentilezas del amo, que es el bolero. Prosigo el cuento de nunca acabar. Nuestro Miguel creó dentro de las normas del bolero, el son, la criolla, la guaracha y otros géneros. Pero... es un trío... y cada cual tiene su voz: voz y guitarra de Miguel, con la línea melódica instrumental punteada; la voz senguda de Siro, de timbre millonario de barítono, y la guitarra segunda de Rafael Cueto, que enriquecía el conjunto con un bajo de son, a manera de la antigua marímbula o el contrabajo. Dije trío, tres voces y registros —dialogizados— que se enriquecían mutuamente, y luego el plus de goce de las maracas de Siro y una tercera voz que se hacía en el coro el propio Cueto. Miguel —voz aguda y vibrante— se escuchó durante treinta y cinco años (hablamos de los años 1920 y 1930), hasta que falleció en 1971 en Santiago. Que no que no, que no es todo: el «bolero-son» —el legado de estos santiagueños— se dijo en trío, en septeto, en orquesta, en conjunto... que crecían y crecían como una bola de nieve, o se inflaban como un globo que subía y subía... como un gran globlo rojo. En la década de 1940, nuestro Miguel comenzó a padecer problemas vocales, y reclutó a grandes cantantes —*attenti*— el más conocido nuestro Benny Moré, el legendario bolero/mambista, que luego fue la voz de nuestro Pérez Prado... Así que recapitulo: entre 1928-1937, Trío Matamoros; de 1945-1947, conjunto Matamoros con Benny Moré, y anda que nuestros santiagueños pasaron del son al mambo —¡qué rico mambo! pero, que inventaron de todo, que todo lo incluyeron— que son el bolero en seis piernas, y en tres voces —que si la voz, que si las maracas, que si la guitarra, que si la «coroneta china», un instrumento de viento que suena como la gaita escocesa... y paramos. Canción festiva: sus éxitos *Lágrimas negras, Amor fingido, La mujer de Antonio*, y... *El que siembra su maíz...* que ha rodado por el mundo. Compuesto en 1928 (el mismo año que grabaron por primera vez), se inspira en un personaje popularísimo en Santiago... El Mayor, lo llamaban; el vendedor de pasteles ambulante más conocido, mientras —en su doble vida— por la noche, a oscuras-nocturnidad y alevosía— planchaba camisas. Pues un día desapareció, y se inventaron los mitos y las leyendas... que si estaba preso, que si se había muerto, que si estaba escondido en Guantánamo por un rapto... en fin. El refrán «El que siembra su maíz que se coma su pinol» —dice nuestro Miguel— sólo quiere decir que «el que la hace la paga». ¡Anda, que el famoso son tiene moraleja de Elliot Ness! Aclaración académica: «pinol» es el maíz tostado, molido y azucarado, que en Puerto Rico se llama «gofio» —de más está decir, que el chiste infantil es inflarse los carretillos (que no las carretillas) de gofio y decir: «Gofio», y ¡paf! el otro queda azucarado...

> *El que siembra su maíz*
> *que se coma su pinol...*
>
> *La mujer en el amor*
> *(¡Sí, señor!)*
> *se parece a la gallina*
> *(¡Cómo no!)*
> *Que cuando se muere el gallo*
> *(¡Sí, señor!)*
> *a cualquier pollo se arrima*
> *(¡Cómo no!)*

¿Dije —y termino— que el son, el merengue, la guaracha y todo eso... habla *la-lengua*? Así mismito... el arsenal de ideas sobre el sexo... ¡uf! un velo de pudor se escurre por la página.

El discurso amoroso de seducción alcanzará su cenit entre 1915-1925, y 1930 en Cuba, México y Puerto Rico, impulsado por la técnica de grabar discos («high fidelity», la «alta fidelidad» de la grabación eléctrica). En la década de 1930 surgen otras formas de difusión importantes: el fonógrafo, que si bien existe desde 1877, se perfecciona una veintena de años después gracias al papel pautado. Al fonógrafo, y la industria de discos, hay que añadir la radio, el cine, la «vellonera» (puertorriqueñismo para referirse a los fonógrafos que

*Rafael Hernández.*

funcionaban con monedas de a vellón o de cinco centavos en establecimientos públicos). Se puede imaginar, si se quiere, que este fondo de medios veloces para alcanzar un reino visionario de esplendores y maravillas se concentra en Puerto Rico en un compositor: Rafael Hernández, que había estado en Francia, Nueva York y Cuba durante la I Guerra Mundial. La gran novedad de su regreso (si es que alguna vez regresamos) es la creación de una de las primeras constelaciones de tres estrellas —El Trío Borinquen (en 1925)—. Este que podríamos llamar uno de los «padres fundadores» luego llevó su nave de Ulises a México. El arma secreta o el emblema simbólico de la nueva arqueología sentimental fue en sus comienzos la trilogía Cuba/Puerto Rico/México. En el mismo cuerpo de edificio americano, estos primeros compositores e intérpretes son la galería panorámica que comunica con el jardín interno con columnas llamado «bolero».

En estas dos primeras décadas del siglo XX, en confluencia y transferencia lírica, muchas de las canciones están basadas en poemas modernistas. Predominan los versos de Amado Nervo, y alguno que otro de Manuel Gutiérrez Nájera («Una noche, una noche de murmullos...»), del dominicano Bazil, del venezolano José Antonio Pérez Bonalde, a quien Martí prologó su «Poema del Niágara» en 1877 como expresión del lirismo moderno, en un texto martiano que podría considerarse como el primer manifiesto del modernismo. Por cierto, y dicho sea al pasar, por lo visto la Bella Otero (Carolina Otero), la gallega que trastocó la libido masculina y se dejaba llenar de joyas de sultanes, condes, marqueses... fue la inspiración del poema X de los *Versos sencillos* de Martí, aquel que dice: «El alma trémula y sola...» ¡Que la Bella era una rompecorazones está bien documentado en sus memorias, escritas en París! Bien pensado, es otra de las noventa y ochistas que debieran ser rescatadas, ¿o no?, que sus memorias, como mucha autobiografía en pluma de mujer, es puro goce... puro plus de goce...

El juego de seducción entre lírica y música alimenta al bolero; temas, tropos, imágenes, léxico, sintaxis, símbolos, rebuscamientos verbales. Existe una profunda afinidad entre el bolero y el modernismo que abre sorprendentes posibilidades de comparación (no descanso en decirlo). Incluso comparte la rica gama de textualidades y envíos a otros textos que caracteriza el virtuosismo moderno en sus excesos de sentido, donde no deja de inscribirse un discurso «abierto», que remite a diferentes sujetos y diferentes «saberes». El modernismo pasa a la canción popular, se democratiza. Muerto Rubén en 1916, la gran novedad del mundo moderno es ya un «fósil viviente», una pobre «luz de bohemia» reproducida y repetida en los versos de las «torres de Dios» y sus pequeñas minorías. En su traslado a la canción popular el modernismo se renueva, se re-vitaliza. Del discurso del bolero son los siguientes versos modernistas:

> *Romance de céfiros dolientes*
> *que llevan secretos a millares.*
> *Romance de ceráficos cantares*
> *de sublimes melodías*
> *con balsámico fulgor.*

O bien: «Esa noche no habrá líricos derroches / de sentidas cantinelas / de Pierrots enamorados.» En cambio, el tango —también género muy literaturizado— adopta otro discurso, aunque incorpora a veces la musa «culta» de Evaristo Carriego. Pero en letra del Negro Cele:

> *Yo no le canto al perfumado nardo*
> *ni al constelado azul del firmamento.*
> *Yo busco en el suburbio sentimiento.*
> *¡Pa' cantarle a una flor le canto al nardo!*

El bolero transcribe, retoma la escritura modernista. Ése fue su primer proyecto sistemático.

Pero el preciosismo modernista —del cual hablaré, pero quiero dejar por ahora a los lectores en la espera anhelante— produce fenómenos curiosos de hipercultismos, ultracorrecciones, variantes, cambios, como es de rigor en textos que dependen de la difusión oral. El texto del bolero es *obra abierta,* ambigua, andrógina, que se transforma de acuerdo a las innovaciones de los cantantes y al género sexual de los intérpretes. Ambos —autor, intérprete— concurren para el logro de esta inquietud. Buscan en la metáfora (ultracorrecta, hiperculta) hacer de un objeto simple, literal —la mujer, el hombre, los amantes— un sujeto infinitamente estremecido. El mundo nombrado por metáforas hace que el yo masculino del autor se transforme en un yo femenino de la intérprete; o que una mujer hable en voz de un hombre apasionado. *Bésame mucho...* en voz de Toña la Negra Freddy, o de Chucho Navarro; *No me dejes sola...*, «no me dejes solo»... *Usted es la culpable...* «Usted es *el* culpable»... El sexo no está nunca seguro, fascinado por esencias adivinadas en circularidades infinitas; sólo el diccionario define las palabras, en la letra del bolero, en cambio, develan lo oculto.

Estos autores «sin estilo» (que dirían los cultos solemnes) practican en el bolero una escritura que es para el oyente refugio y exposición de operaciones artesanales que arrojan de una estética cortesana y modernista ya puramente pasiva. Se pueden escuchar los boleros de dos maneras: por citas o en su continuidad. En el primer caso, lo escucho, recojo una verdad, me la apropio, saboreo su delicada pertinencia, y hago de su forma la voz misma de mi humor, de mi silencio. En el segundo caso, escucho un bolero como quien lee un soneto amoroso, así ya casi ni me concierne. Ocurre que el bolero parece contener todos estos proyectos, y ambos son diferentes y pueden ser hasta complementarios.

Y bien: en esta iconografía de creadores «modernos» del bolero merecen mención especial el famoso Tata Nacho (Ignacio Fernández Esperón) y Mario Talavera, que pusieron en música *Gratia plena* («Iba llena de *gracia...*»), *Bendita seas, Muchachita mía, La canción de Flor de Mayo,* todas adaptaciones de versos de Amado Nervo. En Puerto Rico, Ángel Mislán le pondrá ritmo de danza a una rima becqueriana: «Cendal flotante...». En 1920-21 el ritmo de bolero se instala en el Salón México (con sus tres salas de baile), acompañado del danzón, el tango, el jazz. Toda migración dejó traza en el subsuelo, y las tuberías metálicas, los alambrados llevarán todas estas vibraciones a una presunta eternidad de las emociones.

El protagonista de este relato es, naturalmente, el bolero. Se difunde por los cuatro vientos a través de una pequeña emisora donde cantaba José Mojica, y que popularizó una de las grandes voces femeninas —Angelita Gómez— famosa por el *Tango negro,* de Belisario de Jesús García. Con otro tango, *Encantador,* del mismo compositor, estamos en la metamorfosis proteica del bolero. En 1924, en México, Emilio Pacheco pone en música los versos de Pedro Mata, en

*Presentimiento*, bolero difundido luego por esa constelación mayor de Casiopea llamada *Los Panchos:*

> *Sin saber que existías te deseaba*
> *Antes de conocerte te adiviné*
> *Llegaste en el momento que te esperaba*
> *no hubo sorpresa alguna cuando te hallé.*

Y a partir de esta «edad de plata» (en contraste con la de «oro» del modernismo en «culto», para las minorías selectas), la canción romántica y el bolero son ya cuerpos imaginarios, con su léxico y onomástica, organizados en el interior del México lindo de la ranchera (cuya forma musical proviene del «romance», como la ranchera, y se inscribe en la Revolución Mexicana). Todas las cosas se interfieren en un desorden total; y todas las imágenes son contemporáneas.

En la escena de la fantasía de los techos abovedados de este texto irrumpe el contrapunto:

*Un gatito madrileño*
*que es un pillo...*

¿Será el bolero/«modernismo» democratizado, voz polémica —a su vez— contra, por ejemplo, las zarzuelas y los cuplés de Rafael Gascón, aclamados en voz de María Conesa, la celebérrima tiple española-mexicana famosa por *La gatita blanca* (1907) en la época del huertismo?

*Ay ba, ay ba, ay*
*babilonio que mareo...*

*ay... Ferrer*

La picardía de esos cuplés se registra en los éxitos de la tiple: *La vida alegre* (1907), *Alegre trompetería* (1908), *Enseñanza libre* (1907), *Las bribonas* (1908), *Cinematógrafo nacional* (1910), *Geisha* (1910), *Chin, chun, chán* (1910), *Difícil de decir* (1910), *La corte de faraón* (1910), *La chulapona* (pasacalle, 1917).

*Yo soy la modista de París,*
*soy la reina del trotuar.*

En la historia oral mexicana (cultismo por chismorreo), se recuerda a la Conesa por haberle cortado los bigotes al general revolucionario Pascual Orozco.

*Yo soy la hermosa
geisha del Japón.*

Por lo visto el *risqué* del cuplé gustaba a los revolucionarios; Agustín Lara, por entonces un «juan» (soldado raso), recuerda el fervor con que se escuchaba a la Conesa.

En un programa de la Compañía de Revistas Mexicanas María Conesa, que dirige Enrique Alonso (1987), se presentaban las variedades *Todas las tiples son guapas*, con música, entre otros, de Rafael Hernández y Sergio de Karlo.

También las batallas musicales son cada una diferente de la otra, como en los grandes poemas épicos. Volvamos al ritmo del bolero. Los grupos musicales —documentan los eruditos— en México de la zona de Yucatán, cantan en «cortés» a sus madonas. Su sintaxis edulcorada se dirige a la «noviecita», la «muchachita» ideal (izada), que parece transitar con los ojos bajos de *La Fornarina* o las Venus renacentistas. Ella... la inolvidable... peregrina de rubios cabellos y tez blanquísima («mientras por competir...», «suave más que las alas de aquel ave»...), icono de Ricardo Palmerín, Guty Cárdenas, Ricardo López Méndez, Ermilo Padrón, Tata Nacho (el grupo yucateco). Todos cantan la utopía imaginaria de la novia intangible.

Si en 1925 apareció el yucateco «ritmo de bolero», prosiguen otras composiciones líricas en el ritmo sensual que pone en marcha la máquina deseante. En 1928, con el Quinteto Mérida, se lanzan al mundo *Te besaré una vez,*

*Agustín Lara.*

*Ojos soñadores, Muchachita que sueña, Muñequita, Pájaro azul.* El código es el enmascaramiento del deseo. Desplazar deliberadamente las apariencias con «idealizaciones» que encubren y disuelven este deseo.

Pero la revolución no se hará esperar en el subsuelo mexicano del bolero. La avanzada se abre paso y en 1929 se instala ya para siempre en el panorama de la capital azteca un nuevo «gay saber»: la «gaya ciencia» de Agustín Lara que vincula al danzón y al bolero romántico mexicano. Lara fija esta amalgama sintéticamente presentándola según una sintaxis visual de clara evidencia y con gran elegancia formal, en un friso de miradas, sonrisas, de cuerpos tendidos. Se inicia con el éxito titulado *Imposible* («Yo sé que es imposible que me quieras») discurso amoroso heredero de Guty Cárdenas. Se diría que cada década del bolero se distingue por un motivo de estilización siempre diferente.

En 1930 entran otras corrientes a través de la radio. El discurso de la seducción del «otro» se enriquece de inflexiones y acentos diversos, en lista interminable de trovadores y trovadoras. En 1932, asesinado el gran maestro, Guty Cárdenas, la musa «seductora» de Lara impera en la inflexión de Pedro Vargas, su intérprete masculino predilecto. Luego surgen Elvira Ríos y Toña la Negra, incomparables en *Noche de ronda*. De sus voces salen lenguas de llamas; ponen en escena los bajorrelieves para administrar bien los efectos emotivos de las imágenes y las palabras en función de sus estrategias celebratorias del amor.

En la música y letra de Lara se cruzan el magnetismo terrestre y el otro. Cada canción es una especie de réplica, nunca repetición. Agustín Lara invoca todas las palabras y el tropismo sobre la mujer; le convienen. Fue un exaltado del amor nocturno (¡tan modernista!). Cantó, sobre todo, al cuerpo de la mujer y al del hombre como únicos altares, misas negras que huyen de las definiciones de *lo* femenino, *lo* masculino. Instante poético, cada bolero. Justicia poética, cada canción que expropia los discursos, los volatiliza, los invierte, los deconstruye en transgresiones sociales contra el gran texto cultural de la burguesía americana. La prostituta, la «pecadora», la «mujer perdida» son, a partir de la década de 1930, las musas y rimadoras de deseos. Lara hace fluidas e indecisas las fronteras entre una y otra —Eva/María—, tan al modernista modo. Lara rompió las barreras, las ensanchó, al inclinarse sobre la significación del deseo. Acercó a su auditorio social a otras comarcas del deseo. Sus boleros son visiones triunfantes de plenitud sensorial, cuando el sujeto es poseído.

Con Lara se consolidan varios espacios y poderes: la radio, la sala de baile, el fonógrafo, el micrófono, la música pegajosa, el ámbito de la clase media, la vida nocturna sin riesgos. Y posiblemente a Agustín Lara se deba el maridaje perfecto entre bolero y modernismo: *serpentinas, pierrots, colombinas, esclavas.* En los amores de carnaval, fulgurantes, intensos, instantáneos, Lara hace nuevo el nuevo mundo del bolero con sus noches de ronda, sus hastíos. En los anales del alfabeto amoroso, estas crónicas negras inquietan a hombres y mujeres. Cada letra es la espiral que se precipita en dos direcciones, en una representación imaginativa del cuerpo. Pedazo a pedazo reconstruye los amantes: el cuerpo tiene la última palabra. Nuevo cantor de los prostíbulos urbanos, el fetichista mágico, cantó a perfumes, cabelleras, rostros ojerosos hasta 1970, cuando en duelo público lo acompañó su auditorio social, al compás de boleros interpretados por Pedro Vargas y Toña (Peregrino) la Negra, «la Sensación Jarocha», un poco la Juliette Greco de la musa bolerística. El montaje aprendido del cuerpo con lo sensible es la inflexión propia de Toña la Negra:

> *Mujer, si quieres tú con Dios hablar*
> *pregúntale si yo alguna vez te he*
> *dejado de adorar...*

Reintroduzco las pasiones imaginarias para darle profundidad a la figura-forma de la época:

*Él. ¡Mía!*
*Ella. Me llama mujer.*

Palabras de orden mágico a su auditorio: mujer, Dios, caballero rendido, sustancia de signos regidos por la doble ley de la afinidad y la oposición. Palabras dramatizadas que se convierten en campos de energía. El contrato social entre hombre y mujer —amor/eros— es un movimiento de liberación, de renovación del pacto primordial. No oculta Lara en sus canciones melosas la brutalidad simplista de aquellos que distinguen entre ambos «saberes». Con luz ya inequívoca en los «gay twenties» el sustantivo —bolero— es ya seducción, placer, erotismo. Lo que era secreto antes, es público hoy.

Volvamos a la figura móvil de las contemporaneidades:

> *«Gay twenties»: ley seca, bootleggers, charlestón.*

> *Al Capone, Frank Nitti, Eliott Ness, El gran Gatsby, la era del jazz y*
> *del dry martini. Bloomsbury y en París la «lost generation» de*
> *Gertrude Toklas y Alice B . Stein (¿o es al revés?: Gertrude Stein y*
> *Alice B. Toklas; rompecabezas), y dando vueltas al tango-canción.*

Los lectores (confiando en tener al menos uno...) habrán de gozar en la iconografía de esta historia de las historias esa cubierta de boleros de Lara, en que aparece con todo el decorado *art déco*: chimenea, con figuras déco, zapatillas de bailarina colgando (¡que es fetichista, como Baudelaire, el *Flaco*!), y una americana de terciopelo, con ribetes de seda… anda ya… así vestía el Rodolfo Valentino, con su pelo engominado (también Carlos Gardel).

Y me pierdo por un laberinto, sintiéndome intrusa en el caos de las fugas y el tempo. Ya aludí a Benny Moré, cuando historiamos a tres voces, a los Matamoros: pero el Moré se merece un recitativo a lo Purcell, o un coro griego sofocliano, que cante sus proezas.

*Toña la Negra. La Sensación Jarocha.*

Estamos en los años de 1940, uno de los periodos de mayor importancia de la música popular cubana, cuando un joven mulato, nacido en Lajas (1919-1963), aterriza en La Habana, y desde allí, al cielo; monarca de una dinastía, emblema de una identidad nacional hemisférica, el Benny (Bartolomé… como Las Casas), combina las melodías rítmicas, supervivencias africanas, con la campesina (el seis chorreao del jíbaro, los instrumentos campesinos, que se pueden ver en el magnífico cuadro de Francisco Oller, *El velorio*, que se encuentra en Puerto Rico), y la popular hispánica. Al llegar a la capital cubana en 1936 lleva consigo un cuarto grado de instrucción primaria, experiencia como peón agrícola repartidor de comida en cantinas… la miseria y el hambre (la diosa Penuria) lo acompañan a una isla que pasaba enormes reveses económicos. Y… en la tradición del trovador medieval europeo y del trovador africano, ofrece recitales, y luego pasa el plato. La suerte le sonríe hacia 1944, cuando lo escucha Miguel Matamoros en Radio Mil Diez, pero nuestro boricua parte a México, y con la ayuda de un bongosero, consigue permiso para trabajar como cantante: y ya lo tenemos en el Cabaret Río Rosa, e integra con Lalo Montané el Dúo Fantasma o Dúo Tropical. El gerente de la RCA lo escucha, y le facilita grabar discos, pero su éxito comienza al pasarse a la orquesta del maestro Dámaso Pérez Prado, los expertos recordarán *Pachito E'eche* como gran acontecimientos musical, y el rotundo *Al son del mambo*, espectáculo musical del teatro Blanquita. El binomio se convirtió un un kiliágono, pues hasta las famosas, como María Luisa Landín, comenzaron a expresar en una línea melódica suave, un fondo *mambeado*. Hacia 1950 lo tenemos otra vez en Cuba... que ya contaba con un Machín y un Miguelito Valdés (el de *Babalú u... u... ayé...*), y el lajeño mostró dominio absoluto de toda la música del ámbito caribeño: la canción bolero, criolla, son, son-montuno, mambo, chachachá, cumbia, merengue. Su secreto y caja de Pandora fue convertir el timbre nasal de su voz —defecto natural— en un resorte emotivo que empleaba con habilidad en el ataque y conclusión de algunas frases musicales... levando la voz desde los registros medios hasta los planos más agudos. Así —este hombre «a una nariz pegado»— hizo de esa ostentosa protuberancia, una polifonía, que le permitía el lujo de ser satírico, irónico, dicharachero, arrullador, nostálgico, triste... improvisador genial (como nuestra Freddy), consiguió fugas e inimitables versiones de *Obsesión* y *Perdón*, del compositor puertorriqueño Pedro Flores. Llegó a las cumbres del águila y del cóndor, y se guió siempre por una ética, que le llevó a rehusar cantar para el tirano Magloire, en Haití. Nicolás Guillén —el gran poeta cubano traducido por Langston Hugues, en texto casi desconocido), le dedicó emotivas palabras a este nómada antillano, que con la lejanía de la procedencia de sus instrumentos consiguió formas de evocación, de todos aquellos dominios que el tiempo, los vientos y las tempestades y el movimiento de los mares, le habían borrado su nombre.

### Si Marilyn hubiera cantado boleros...

Y vuelvo una vez más a la década de los cincuenta también vida del *chachachá* —creado por el cubano Enrique Jorín— que con sólo un cambio menor en el *tempo* del mambo, sacó un ritmo a dos pasos, de elegancia y soltura, con este ritmo podemos ver nacer el alba del crepúsculo, y trazar geometrías apasionadas en la profundidad de los cuerpos, y repartirnos por arenas y aguas, ciudades de ritmos y tempos... y su gran dios fue Bobby Capó, autor del bolero-moruno, *Filomena Trinidad*, basado en esa ficción que se llama realidad. Otra vuelta de hoja, en este complejo argumento, que se va pareciendo cada vez más al «libro» único, perfecto, que lo contuviera todo, a que aspiraba Mallarmé y sobre el cual tanto ironizó Borges. Bolero-moruno, afinidad con el cante flamenco y la música gitana andaluza; incluso se dice que se trata de adaptarlo el ritmo tropical a la zambra andaluza. Machín lo intentó por primera vez en *Ojos verdes*;

el secreto está en evocar a los cantaores flamencos con sus giros de voz y lo que llaman —muy expresivamente— «llori-cantar». Nuestro Bobby fue el máximo intérprete, en *Llora corazón, Celos locos, Maldición gitana* y *Marí Dolores*... El formato es histórico —narra—, y nuestro trovador borincano se incluyó a menudo a sí mismo (¡ay los espejos de Velázquez y el metarrelato de *Don Quijote!*). El espejo... andamos por el mundo autoreferencial del barroco... y con toda esta música y

*Bobby Capó.*

estos tempos —de Benny Moré, a Pérez Prado, a Bobby Capó, al bolero— nos aposentamos en la disonancia, en los choques de sonidos, y en la crisis del lenguaje. En fuga... en contrastes... ahora un salto atrás, como el cangrejo.

*Es la historia de un amor*
*como no hay otro igual...*

Y si de bolero-moruno se trata nuestra historia: que es la verdadera historia de *Historia de un amor* —escrito por el tío de nuestro *Santa Claus* y *Tres Reyes Magos* en una, Gladys Palmera— Carlos Eleta Almarán, nacido Panamá. Pues... la verdadera estoria —como decían los cronistas de Indias— nos pone de relieve que no hay nada más verdadero que la ficción. Escrito en 1957, a raíz de una epidemia de polio en Panamá, nuestro bolerista quedó tan impresionado por el dolor y el duelo que sintió su hermano a la muerte de su mujer, que —en un fabuloso acto de identificación, de juego de espejos— compuso la canción cuyo eje central es «ya no estás más a mi lado corazón». Almarán es compositor de boleros-morunos, donde dialogan la guitarra mora española y el tambor antillano; escúchese su magnífico *Virgencita morena*.

Salto atrás, retroacción... *cut... flashback...* que si seguimos los ritmos del mundo, en lugares muy distantes aparecerán piezas con formas e iconografías idénticas. Y en todo caso, sigamos las rutas y galerías de la cultura, mosaico cronológico, presencia en un mismo lugar siempre distinto: el Caribe. En la antillana Puerto Rico, en la década de 1930 —que marca el huracán de San Ciprián, El Nuevo Trato, la Masacre de Ponce (contra los nacionalistas y Albizu Campos), y la organización del Partido Popular de Luis Muñoz Marín—, fabula amores la musa erótica de Roberto Cole, que con Rafael Hernández y Pedrito Flores forman la gran trilogía de compositores notables surgidos allí por entonces. Como en Cuba, en la isla hermana se observan motivos vinculados en sentido vertical. Pues, como William Christopher Handy (padre del «blues»), el padre de Cole desembarcó en la isla con las tropas norteamericanas en 1898. El hijo es el autor de varios clásicos: *Olvídame* («ya bien sé que no puedes»), *Mi loca fantasía* («Sólo mis pupilas saben de mi llanto»), y *Tarde gris*. El destinatario/a de su elaborado mensaje no es ningún misterio. En esta década de 1930 Puerto Rico es una isla escrita con epígrafes y grafitis de boleros de Cole: en esta escenografía, los epígrafes vienen con la voz de Víctor Luis «Vitín» Miranda, y desde 1934 todos escuchaban a la orquesta de Rafael Muñoz entonar, en voz de José Luis Moneró:

> *Olvídame,*
> *yo bien sé que no puedes*
> *volverme a tener...*
> *Aunque sé que me quieres*
> *como a nadie has querido,*
> *y te quiero yo a ti*
> *como a nadie querré.*

Y Avelino Muñoz, y Tito Rodríguez, y Johnny Albino, y César Concepción y Rafael Muñoz. Y bien, ¿qué es ya el bolero? Una lírica del goce, largo proceso de seducción, de sensualidad, reciprocidad acompasada por el ritual ineludible del centro de gravedad de los cuerpos. Es la música de la semántica del cuerpo; su somática. Seducción ritualizada, de juego, desafío, provocación, rico en inflexiones y complicidades. La sala de baile lo transforma en lo contrario a la *discoteca* actual, anti-seductora, solitaria, hedonista, casi zona de choque o de intercambio de violencias y rivalidades, que convierte el movimiento en simulacro unidimensional y operativo. En el baile, el bolero es la forma encantada del cuerpo (y los cuerpos), sin grado cero, sin neutralidad; es juego serio, torneo acaso. La fascinación del juego, pero juego opuesto a la desnudez y a lo definitivo. Juego de opacidades y conjuntos flotantes de ondulaciones, de espejos recíprocos, donde significado y significante se reflejan mutuamente.

Dentro de la tradición occidental que lo alimenta, se entiende como un acto ritual, donde el imperio de los sentidos es el desenlace inevitable. No hay posiciones separadas. El bolero se realiza según una relación dual, en un ciclo mínimo de seducción, al cual no le falta su poco de desafío y audacia. El embrujo, la fascinación. Se logran a partir de lo que se oculta mediante la seducción de la promesa (acto de lenguaje performativo por excelencia).

El bolero es la seducción de los ojos, que se cierran; encanto discreto de la tactilidad de las miradas, inmóviles y silenciosas. Música que evoca y revoca al «otro», a la «otra», a través de palabras socializadas, orientadas, lentas y en suspenso. Palabras sobre la ausencia que seducen a la presencia; su principal estrategia es estar/no estar. Elude sin tregua toda relación de seguridad, de verdad, todo discurso impositivo judicial (la familia, el matrimonio), los discursos de otro poder que no sea la seducción, con la promesa de un *siempre*. Destierra al discurso de la verdad, y lo desvía. La verdad, el objeto, no está nunca allí donde se le cree, y sí allí donde se le desea. Las discontinuidades, las oposiciones de la lírica amorosa, del soneto, del petrarquismo, del modernismo se reivindican; nada de impaciencia, ni avidez, sólo la *delectio amorosa* del ritual y del torneo.

No hay nada estático y codificado en el bolero. Las aventuras de las letras pueden seguirse en la efusión de las entonaciones, inflexiones y caprichos. Letras que felinamente se enroscan, y que alargan la cola, retorciéndola hacia adelante y hacia atrás, haciéndola vibrar, a veces perezosamente en ondulaciones. Todo bolero se permite sus libertades, en variantes heterodoxas.

*...Arráncame la vida...*
*...y no me digas adiós...*

# ...Sin Amor...
# la Vida no se Llama...Vida

E L BOLERO CANTA... MURMURA AL OÍDO... fabula historias de amores... conjura deseos... canta... si olvidar quieres corazón...

Casi medio siglo de existencia con vertientes, variantes, matices. Si en Cuba hacia la década de 1920 todavía se bailan el son, la guajira y la habanera, emergen con los Matamoros, entonces, otras luminarias: Ernesto Lecuona («Siboney, yo te quiero»), Eliseo Grenet («Las perlas de tu boca»), Gilberto, Monroig («Quiéreme mucho, dulce amor mío»). A partir de la década de 1930 el bolero se disemina y difunde por los cuatro costados de América, siempre desde el triángulo Cuba/México/Puerto Rico. En 1930 surge la primera canción/bolero de fama mundial, *Aquellos ojos verdes,* con letra de Adolfo Utrera y música de Nilo Menéndez (ay... Bécquer al piano y con gomina). De ahí a Hollywood, y Nueva York. En México, D. F., Lara, al piano, compone su *Nadie* y *Sin ti* («no puedo vivir sin ti»), en 1933. Cuatro años después el cubano Sergio de Karlo (aquel que componía variedades) produce un texto clásico: *Flores negras* («que el destino...») que deja estela a su paso por México. En 1939 el mexicano Alberto Domínguez compone *Perfidia* («Nadie comprende lo que sufro yo»); es también autor del clásico *Frenesí* («Bésame tú a mí...»), quizá sus dos composiciones de mayor fama.

El camino está libre en la transmutación de signos. La modernidad trae la liberación sexual femenina. Si inicialmente el bolero estaba determinado por el acto de grabar con la pluma masculina, la forma de los caracteres alfabéticos empezó a responder a las nuevas exigencias. Y así enseñó un nuevo sentido de las proporciones sexuales, de las relaciones amorosas. La composición no tardó en presentarse, y empieza a desencadenarse el placer de la ficción amorosa escrita por mujer: el placer y el deseo en caligrafía de mujer. Surgen entonces trovadoras (camino abierto por María Grever), y a Consuelo Velázquez —especie de Bronté mexicana—, de Ciudad Guzmán (del Jalisco «no te rajes»), se debe un gran clásico: *Bésame mucho* («dulce amor mío»), compuesta en su precocidad de dieciséis años (Neruda tendría un año, más al publicar sus 20 poemas de amor y la canción desesperada en 1921). Otras mujeres no le corren a la zaga: Tina Polak con *Estoy sola* («tan irremediablemente sola») y *Solamente una vez* («amé en la vida»). Isolina Carrillo, de Cuba, es la autora de *Dos gardenias* («para ti, con ellas quiero decir, te quiero») inmortalizada en voz andrógina y de falsete por el cubano Antonio Machín. Este texto es una inversión de la norma, pues corresponde a una mujer la ofrenda de flores. María Alma es la autora de *Compréndeme* («Yo quiero que comprendas, vida mía»). Y ya aludimos a la adelantada cubana María Teresa Vera, y la bola de nieve rueda... rueda... prestemos oídos a *Tengo* de la compositora Marta Valdés, cubana ella también. Y sigamos con la Cuba de chowcito... la Cuba de «qué suave está...» Que no... que no... que no lo dejaremos así; que trae cola. Son éstas las «madres fundadoras» del bolero, de la caligrafía amorosa moderna de las mujeres. En simultaneidad de voces, por entonces eran conocidas las grandes poetas modernistas Alfonsina Storni, Gabriela Mistral, Delmira Agustini, Juana de Ibarbourou y Julia de Burgos.

*Consuelo Velázquez.*

Al llegar a la época más moderna —principios de la década de 1930, con «crash» de la bolsa y todo— la óptica de la canción popular retoma su historia desde el principio explorando su destino en la fantasía tecnológica de las estaciones de radio y los discos. Los palimpsestos que componen el bolero se superponen a anteriores inscripciones de todo tipo y se entremezclan. Los datos no parecen mentir. Ya hacia los años de 1940 y 1950 —su *belle époque*— el bolero y la radio son uno; no se harán esperar otros clásicos del Caribe. En Puerto Rico, ya enriquecido con la gran poesía de Julia de Burgos, se oyen el bolero *afro* de Rafael Hernández *Lamento borincano* («Sale loco de contento») y *Campanitas de cristal* («tilín, tilín, tilán»), en interpretación casi siempre femenina: incomparable en voz de Ruth Fernández («El alma de Puerto Rico hecha canción»), atormentado en la mexicana Elvira Ríos, íntimo en la de Toña la Negra (México), intenso con la voz de Olga Guillot (Cuba). Otros códigos maestros provienen de México: *Este amor salvaje*, de Miguel A. Valladares, y el conocidísimo *Cenizas* («Después de tanto soportar la pena de sentir tu olvido»), bolero-ranchera del yucateco Wello Rivas, que no debe confundirse con *Ceniza*, del puertorriqueño Julio Alvarado («Te di el corazón, el alma entera», voz de Ruth Fernández).

Volvamos al espacio de ilusión escénica. Pensemos una vez más en la coexistencia que se abre a la mirada en los espacios en blanco del texto-tiempo. La década de oro de 1930 se desenvuelve en muchos signos.

> *Fechas todas que inscriben la Guerra Civil Española, la II Guerra Mundial, las grandes polémicas sobre la vanguardia de Walter Benjamin, Adorno, Brecht, Lukács. La famosa Lilly Marlene en la radio alemana, Piaf en los círculos de la resistencia en Francia, Marlene Dietrich y su voz de «gay Berlin», ronca, ronca, ronca, el colaboracionismo de Maurice Chevalier, la magia rubia de la andrógina Garbo en cine; la poesía de César Vallejo; la muerte de Gardel...*

En la pequeña (si bien no diminuta) isla del Caribe —Puerto Rico— en la década de 1940-1950 se afirma también el bolero con las composiciones de Noel Estrada, y la canción-bolero *En mi viejo San Juan* («cuántos sueños forjé») y *Borincana;* los hermosísimos *Bello amanecer* («Qué lindo cuando el sol de madrugada») y *Sollozo* («El dolor de dejarte y tener que partir») de Tito Henríquez.

El perfil histórico de la Argentina del tango se abre significativamente al bolero con la visión desolada de Don Fabián con *Dos almas* («que en el mundo, había unido Dios»). Las/los intérpretes se multiplican: María Luisa Landín (México), inolvidable en *Amor perdido* de Pedro Flores («Amor perdido, si como dices que es cierto»); el trío Los Diamantes, los conjuntos Los Cuatro Hermanos Silva, Los Hermanos Martínez Gil, el Trío Matamoros (no por «cides» antillanos), cuyo tema musical era el famoso *son* «Mamá yo quiero saber/de dónde son los cantantes», y que pusieron ya definitivamente en labios de toda la juventud americana *Lágrimas negras* («Aunque tú me has echado al abandono»). A partir de la década de 1940, al éxito de Los Panchos (cuya popularidad sólo se compara con Gardel, debido a su innovación musical y vocal), siguieron muchos tríos: Los Antares, con «La Voz», Felipe Rodríguez, Johnny Rodríguez (autor de *Fichas negras).* Y además de los ya mencionados, los destacados intérpretes Lucho Barrios y Lucho Gatica (Chile), Don Fabián y Leo Marini (Argentina).

Ruth Fernández «La Negra Ponce», el alma
de Puerto Rico hecha canción.

Las estaciones de radio, las salas de baile, el *night-club*, devoran las voces en su afectación de verdad y deseo, de norte a sur y por todos los espacios del mundo americano con sus entonaciones, inflexiones, acentos, matices, colores. El bolero es el nexo entre estas topografías divididas. En Puerto Rico resplandecen ya desde antes la orquesta Mingo y sus Whoope Kids (de Ponce), con Marta Romero y Ruth Fernández de estrellas. Desde mi niñez («cuando era chiquita, Roberto»), he oído hablar de Faty Gómez (¿enigma?, ¿mito?) el gran «crooner» recordado por *Locura,* y que hoy me recobra Tito Henríquez como realidad en un paseo nostálgico de recuerdos infantiles por el viejo San Juan. *Beep... beep... boop...* este «emilio» viene como huracán... y es de *Mercurio*-Cusy Pérez y de *Palas Ateneo*-Edgar Martínez Masdeu de P.R. Faty cantó con *Mingo,* luego creó su propia orquesta, cantaba en la estación de radio Ponceña WPAB, y es posible... es posible... que exista una grabación... se nos escurre el Faty, como Dulcinea. Mito también la famosa Freddy cubana (la trestigresa «ella cantaba boleros»). Llegó la hora de quitar los siete velos y las máscaras. Fredesvinda García Herrera (nombre de heroína de novela de caballerías... a Don Quijote le hubiera encantado (de encantamiento, se entiende), o Ela O'Farnil rebautizada en un segundo nacimiento como Freddy, nació en Céspes, provincia de Matanzas, en 1935 y murió, a los 26 años, en San Juan de Puerto Rico en 1961. Como Don Quijote, soñaba Baratarias, y quería vestir lentejuelas y hacerse amar. En los años cincuenta deambulaba de bar en bar contoneando —como la Majestad negra, Tembandumba de la Quimbaba, del poema de Palés— sus 350 libras, su negritud, su sentimiento y su voz. Y en «meneos cachondos» y con su «caderamen masa con masa», «exprimiendo ritmos, bomba que bamba», llegó al Bar Celeste, donde cantaba a *cappella*: «La música soy yo» —la frase sólo la pudieron haber dicho Mozart o Bach (¿no hemos subrayado que Freddy es un oboe vivo... y que el bolero es una excusa musical para hacer recitativos y jugar con los registros?). Cantó a George Gershwin, a Lara... y a quien se le pusiera delante; y como una diosa, pocas horas después de cantar su último bolero, Fredesvinda García Herrera, murió en Puerto Rico de un infarto. Sin descontar que el bolero pasó a los cantantes norteamericanos Bing Crosby, Nat King Cole (el de «cachita cachita, cachita mía», de Rafael Hernández), Edye Gorme, Frank Sinatra, «the voice». No cabe extrañarse de las mutaciones ovidianas; desde 1935, el bolero había mezclado sus corrientes y melodías con el *begin* (de Martinica), y desde esa época existe el bolero *feeling*.

Se centuplican los sextetos, los tríos, las constelaciones de astros, las orquestas. Palabras de mujer en voces femeninas, carencias en voces masculinas —sopranos, tenores, mezzos. La fabulosa... la sensación... la reina. Éxitos con mariachis, obsesiones guajiras, lamentos, amores perdidos, desvelos, retratos. Música y composiciones de Pedro Flores, Avelino Muñoz; persiste Agustín Lara, triunfan tríos, dúos, solos, Eva Garza, Ruth Fernández, Marco Antonio Muñiz, Joe Valle, Daniel Santos, Bobby Capó, Tito Lara, Elena Burke (emisora O'Shea y elepés para RCA). Hasta la «devoradora de hombres» María Félix (la «María bonita, María del alma» del *Acapulco* de Agustín Lara) cantó boleros. Cine, discos, radio son ya, definitivamente, los difusores. La ciudad es siempre transmisión de estos mensajes, que interpretas tú. La radio es un lugar saturado de mensajes articulados como signos, y comunica depositando palabras expuestas a las miras.

Maurice Chevallier cantó *Ahora seremos felices* (de Rafael Hernández), en Japón se entonó *Cachita*, y Hollywood se hace eco de este acto previo de disponibilidad y potencialidad. Un bolero clásico le sirve de trasfondo y símbolo al melodrama clásico sobre la II Guerra Mundial: la película *Casablanca* (Ingrid Bergman, Humphrey Bogart, Paul Henreid). La Bergman y Bogart bailan *Perfidia* en el Rick's Café Americain, en la escena de amor de significado sexual velado más recordada en la historia del cine. Y no es accidental ni fortuito. Y Almodóvar, y últimamente el francés Patrice Leconte, en *La chica del puente*, nos hace escuchar *Quién será la que me quiera a mí* y *Dos gardenias.* Que la cola del cometa *b o l e r o* es larga... larga... y reaparece y desaparece, como el Halley. Volvamos a nuestro cuento de nunca acabar. Por Norteamérica pasó la estela del hermano de Alberto Domínguez en gira triunfal y le dedicó a Eleanor Roosevelt su bolero *Humanidad:*

> *Oye lo que yo te canto*
> *perlas de mi llanto*
> *para tu collar.*
> *Sabes que te quiero mucho y quien*
> *nos separa es la humanidad.*

Tocamos con este bolero un punto decisivo de relaciones amorosas: entre tú y yo —Guiomar— la guerra.

*...Amor perdido*

*Carmen Miranda.*

En el placer perverso de estas conjunciones nos hallamos en el mundo paradójico de un encadenamiento de ardores y desdenes, de fusiones y confusiones. El destino del bolero de esta época es descargar las tensiones, neutralizar la irrupción de las fuerzas que amenazaban por entonces. Puro cero pulsional, los boleros se abren al encanto de las formas exteriores, a re-inventar sus relaciones de objeto, a fantasear sobre las imágenes. *Perfidia* y *Frenesí* se yerguen como «dos himnos de esperanza en un mundo desencantado» *(Siempre,* 1964). En simultaneidad, Los Panchos actuaban en la urbe neoyorquina en el Hotel Pierre (frente a Grand Central Park), y en la CBS en el programa *Viva América:* simu-

84

lacros todos de las voces de sirenas de la «política del Buen Vecino». La «Good Neighbour Policy» de Roosevelt, con Carmen Miranda, «Chiquita Banana», secuela del proyecto norteamericano que buscó crear la Miss Panamericana, para cantar, por ejemplo: «Caragua Nicaragua / is a wonderful town / you buy a hacienda for a few pesos down».

El sujeto social/sexual de entreguerras se libera de la energía y de las intensidades con boleros, sambas, rancheras, mambos. Hollywood lleva al cine a Xavier Cugat, a Dolores del Río, a César Romero, al Indio Fernández. Poco antes había triunfado Gardel en una famosa película de la cual proviene el tango *Rubias de Nueva York*. Toda esta actividad de «Buenos Vecinos», en el mejor de los casos, resulta un encuentro fallido. Y no hay que ver en ello solamente un producto de la «cultura de masas»: todo ello tuvo su pertinencia semántica.

Volvamos a la coexistencia de estos actos de lenguaje musicales. Y en microtexto en el blanco de la página cultural de la historia:

> *En París —entre tanto— surgía Edith Giovanna Gassion (Edith Piaf), con su chansonnette heredada de Eugenie Buffet, Yvette Guilbert, Frehel, Damia, Marie Dubas, de la «belle époque». Terminada la guerra, hace gira triunfal norteamericana, y en Nueva York conmueve a su auditorio en 1947. También es la época del bolero con Rafael Hernández, Los Panchos y otras constelaciones antillanas.*

En el salón familiar, el cabaret, el casino de la alta burguesía, la radio y el cine se escuchan voces y sonidos y palabras de esperas y desesperos. Arriba y abajo, jóvenes y maduros, gordos y flacos, rubios y morenos, ricos y pobres escucharán arrobados estos plañidos, y lamentos; y luego los iconólogos de manga ancha incrustarán los artistas favoritos en las pantallas de cine y televisión. Como la luz, el sonido edulcorado llega a todas las radios a través de programas de aficionados y de renombrados artistas en Santiago de Cuba, San Juan de Puerto Rico, México D. F., Santiago de Chile, Lima de Perú, Nueva York. De uno de los programas de aficionados surgió la gran voz de Lucecita Benítez, en Puerto Rico.

*...Acaríciame ven...*

Pero el bolero da santo y seña de que también las mujeres sabemos desear, y si hemos aludido a buena parte de los compositores varones, además de la precoz mexicana Consuelo Velázquez y su *Bésame mucho*, otras mujeres dicen *yo* y fatalmente descorren un telón, inaugurando otra vez el ceremonial de lo imaginario. Estas modernas trovadoras —con su antes en la escritura de Beatriz de Día, Florencia Pinar, Luisa Sigea— cantan a los sentimientos, a los sufrimientos, a las exaltaciones. En resumen, el puro sentimiento de existencia de ese *yo* —mujer— que se sumerge en el lenguaje del deseo y la concupiscencia de la mirada. El alma deseante condenada a la palabra, y al teatro mismo de esa palabra: la sala de baile, el café dansant o el cabaret nocturno. La consecuencia es dejar de soñar pasivamente: la praxis de la modernidad. La liberación femenina del deseo en la ostentación del lenguaje amoroso. Además de Tina Polak e Isolina Carrillo, y sin ánimo de agotar la lista, son conocidas Eva Garza, María Alma (María Luisa Basurto Ríos), Otilia Figueroa, Emma Elena Valdelamar, Carmen Salinas, Lolita Ibáñez, Victoria Said, Nelly Gasqué, Alicia Rivera, Rosa María Alam, Alicia Colmenares (todas de México), Marta Valdés (Cuba). Sin olvidar al grandioso «Bola de Nieve» (Ignacio Jacinto Villa y Fernández, que murió en México en 1971), amigo de intelectuales, desenfadado y auténtico. Su repertorio es un muestrario de géneros, países y culturas —textos híbridos y mestizos. Recordemos sus palabras:

> *Más que cantante, digo las canciones, dándoles un sentido especial, su propio significado, empleando la música para acentuar la interpretación. Habría querido ser cantante de ópera, pero tengo la voz de un holgazán, de un vendedor de duraznos y ciruelas, así que debo resignarme a vender duraznos en un escenario, sentado al piano. Siempre he dicho que yo no canto, cultivo la expresión más que la impresión. Me interesa llegar a la sensibilidad de los que me escuchan.*

«Chivo que rompe tambó, con su pellejo paga». ¿Y Machín? Esa voz andrógina, que por los años de 1940 abrió aquella estricta equivalencia entre la voz y la ambivalencia, para revolcar la relación amorosa: el Cuarteto Machín, con su hermano y dos musicos más. Y si inicia su carrera profesional en Cuba, en España —aquella del «Madrid» de Agustín Lara— estalla en andróginas melodías. ¡Que no es poco Machín! Introduce el caos, enmaraña los hilos, canta siempre a dos voces: la suya y la de una satiresa que lo posee. Es simultáneamente Paolo y Francesca, Hero y Leandro, Marco Antonio y Cleopatra, Helena de Troya y Paris, Calisto y Melibea («Melibeo soy»)… todas

*Carmen Delia Dipini.*

*Bola de Nieve.*

las parejas ideales en una voz, que hace de tercero: el andrógino vocal *number one*. Este lenguaje «otro» renueva el discurso seductor y su incesante aprendizaje.

Este aprendizaje amoroso conoce en la mujer dos momentos: la ilusión y la decepción proustianas. Estos dos momentos cumplen la tarea ambigua de interrogar al amante/amador. Se unen cada vez más trovadoras. Ahora hagamos un contrapunto, o una rayuela, o un laberinto, y en cambio de registro y cambio de antilla.... pasamos a Puerto Rico, y encontramos a Carmen Delia Dipini (voz aguda, de sabiduría divina) —«La bolerista de América»— que alcanzó su fama con la Sonora Matancera, canta tristezas... suprime la parte del placer que se llama alegría y se queda en el puro goce de las tempestades, mientras del cielo nos caen torrentes de notas y nos desvía el viento. Su bolero más logrado es *Todo*, de la también puertorriqueña, cantante y compositora, Myrta Silva, «La Gorda de Oro», pero no menos *Dímelo*, y *No es venganza* (*again*... gracias Gladys Palmera y Enrique Romero). Y la Silva tiene un logradísimo *Cuando vuelvas* («nuestro huerto tendrá flores»). No dejemos de lado a Sylvia Rexach (1921-1961), metida hasta las cejas en la farándula boricua capitalina, con el cómico Diplo (nuestro Chaplin, nuestro Cantinflas), cantante de cierto matiz de amor, de la canción sin ritmo, hablada y recitada (*Anochecer, Matiz de amor, Di corazón*). A Cuba otra vez, en este ir y venir de olas, y nada menos y nada más que Celeste

Mendoza —la reina del *guaguancó*, más bien, la creadora, la inventora de esa música. Celia, santiagueña, artista predilecta del *Tropicana* —*show time... show time...*, donde se desgañitaba en rumbas imitando, que no que no...haciendo un trasvestismo de la Josephine Baker y de la bomba atómica de Brasil, Carmen Miranda, la de chica... chica... boom... Pues en la voz de escarceos que anticipan el goce... en *Para que sufras*, de Oswaldo Farrés y la orquesta de Bebo Valdés. La suya es una  voz que canta y nos pone en contacto con el sado-masoquismo. La Celeste es fuerte, pega duro... es como una dama del látigo, de aquellas que le gustaban al Monsieur Charlus de Proust. Y la divinidad de Blanca Rosa Gil (1937), que se inició como cancionera en Venezuela, cantó con Benny Moré, sus perversiones, sus amores contrariados; canta el amor neurótico (¿no lo son todos?), el goce loco, de angustia, canta el *agujero* con dramatismo, y le imprime su semblante a *Toda una vida, Sombras, Decídete*. En su *cede Besos de fuego* sentimos esta voz moderna, que hace de la neurosis canto; y un plus... (que falta en este *cede*, regalo de mis Reyes Magos), el que oiga *Orgasmo* se queda destartarabillado... —la diva vive en retiro en Puerto Rico (desapareció de las tablas, como la Garbo).

Alto en el camino: que llegamos a la aristocracia, a la «Señora Sentimiento», a «Su Majestad la Burke». Elena Burke (a veces escrito Bourke), *prima donna* con duende, esta gran estilista y perfeccionista abarca el universo como un telescopio

*Elena Burke.*

extragaláctico, y las emociones como un microscopio nuclear. Anda cantando desde 1942, en varias emisoras de radio, en cabarets (échale el cuerpo, uno se llamaba Sans Souci y el otro Zimbie, ¡anda ya!). Pues Romana Burgués, pasó de los teatros habaneros en 1945 a México, Jamaica, Estados Unidos, Canadá, Europa y Latinoamérica. Es la intérprete del *filin*, que en 1964 representó a Cuba en el Festival de Cannes. Desde 1962 tiene el programa de radio *A solas contigo*, y aparece en dos films cubanos: *Llanto de luna* y *Nosotros la música*. Y no sigo: para mí que nos deja a los oyentes con esa falta de voluntad que impide resistirse. Es única en *Nostalgia, Ámame como soy, Ya es muy tarde*, e irónica y escéptica en *Aburrimiento* y *Cuando se dice adiós*. De paso… cuando la mujer se aburre, se aburre… y cuando dice adiós, deja a todos en lo que Teresa Sánchez llamaba «la turbación». En este brillo de constelaciones ¿quién olvida a Olga Guillot?, toda manos en *Campanitas de cristal* (de Rafael Hernández), y la verdad… en cuanto le echen… pero inigualable en *Tú me acostumbraste*… ya dijimos que Olga nos lleva por los caminos de la tragedia griega: su dramatismo es el de una Medea o una Electra… no es precisamente un ejercicio optimista su voz. Y ¿hemos de dejar fuera a La Lupe? Ni modo… y no porque le sacara punta en las Uropas Almodóvar… que no. Esta catarata de Niágara es producto acabado del bolero actual… Con La Lupe volvemos a Cuba pasando por los niuyores; según Cabrera Infante está poseída por el demonio del ritmo; y añado una apostilla: La Lupe es la encarnación del mordisco, de la fiereza de las furias y las gorgonas griegas, de la zona tórrida musical. *La tirana* y *Como acostumbras* nos conducen por los senderos de la contramística, del desfallecimiento y del abismo. Es el puro goce de la destrucción —la pulsión de muerte en pugna con la de vida, Eros y Tánatos—, y demuestra que los verdaderos paraísos son los que hemos perdido.

La «Negra de Ponce», «El alma de puerto Rico hecha canción», Ruth Fernández, la primera mujer cantante de una orquesta en Puerto Rico, una «leyenda en vida», cuya voz comparó Pablo Casals con el chelo, recibió múltiples honores, galardones, y debutó en Carnegie Hall, Town Hall, Philarmonic Hall, Metropolitan Opera, Filadelfia, Chicago, Europa, América. Esta

*Ruth Fernández, «La Negra de Ponce».*

«mujer prominente de América» lleva medio siglo de encantos de la tradición del folklore antillano y afro-antillano, y cantando borrachita en cinco lenguas, y requiebros, y suavidades, y ven, y mírame, y te quiero, y dame tus manos y toma las mías…

En fecha más reciente, desde que ganó en 1969 el primer lugar en el Festival de la Canción Latina, en la década de 1970, remodela los giros y registros del bolero y la canción romántica y la guajira y cuanto acorde exista, Lucecita Benítez, intérprete innovadora de la canción popular, cruzada de las pasiones, gesto de la concordia de los amantes y amadores, fulcro emotivo en el bajorrelieve del bolero con sus interpretaciones de *Cabalgata*, *Fruta verde* o *Que te vaya bien*. Lucecita es el grado superlativo y el punto omega del bolero caribe, con su matiz, misteriosamente tautológico, que transforma el topos de la cantante con recuerdos, placeres, deseos, memorias y resentimiento, a menudo ambiguos. Cantar *Bésame mucho* no cura de ninguna manera la carencia del deseo. Y, sin embargo, el resplandor de la palabra —mírame, bésame— pone el estremecimiento de la distancia. Y hoy día Lucrecia, que no cesa de cantar con frenesí caribeño salsa, pero el bolero es, dice, «el principio, en el principio fue el bolero».

En contrapunto dialogado, además del tango-canción, el bolero comparte popularidad, por los años de 1950, con otras músicas del Caribe, en mezclas, contagios, contaminaciones, movimientos carnavalizados —de fiesta pública, de alegría en desenfreno. Todo este caribeñismo supone casi la fiesta de inversiones perceptivas de la realidad. «Mambo, qué rico mambo»… es *el estertor* del cubano Rey del Mambo, Pérez Prado, como también lo son otras perlas del movimiento: la *guaracha*, el *merengue* dominicano, el *chachachá*, o la *plena* puertorriqueña de la costa que vino del Caribe inglés («En Ponce, en Ponce nació la plena») y más recientemente la *salsa*, mezcla de música cubana —el son montuno y el guaguancó— pasada por las «mean streets» de Nueva York y su contagio con el *jazz* latino. Y una pregunta que mueve las caderas… ¿cuál es el origen de la salsa? Surgió en Cuba hacia 1933 y así la nombró el compositor Ignacio Piñero en *Échale salsita*, pero como el príncipe convertido en rana o como Rip Van Winkle, estuvo dormida hasta 1962, cuando salió el elepé *Steppin Out*, y luego el vocalista Cheo Feliciano le añade salsa al texto de Jimmy Sabater, *Salsa y Bembé* (bembé, baile)… La música de moda —la *salsa*— es *latina*, sale de esas mezclas maravillosas de los niuyores: es un resbaladizo ritmo que une las antillas (tan divididas por fronteras y pasaportes, que en nada modifican *la-lengua*, ni las marcas ni las experiencias compartidas.

*Guataca… échale pique… menéalo…*

Retomo este juego de heterónimos, esta herejía *erótica* llamada «bolero». Es texto abierto, que dejó posibilidades de cambio, de contaminación: Lucrecia,

Rickie Martin, Chayanne, y sigamos con los precursores: el panameño Rubén Blades, y Héctor Lavoe, sobre el que el Puerto Rican Traveling Theater de la actriz Miriam Colón acaba de hacer un musical: *¿Quién mató a Héctor Lavoe?* Que la salsa en Nueva York y Europa tiene muchos etcéteras. Y sigamos enmarañando el hilo. Y ahora la *lambada* del «dirty dancing». El contraste es evidente: estas formas musicales opacan la letra y destacan el acompañamiento, la instrumentación, en ritmos cadenciosos, con letras, a menudo, de carnaval de oprimidos. Un par de ejemplos será suficiente. Un merengue transgresor y desmitificador del dictador Rafael Leónidas Trujillo, que —dicho sea al pasar— llevó el merengue a los salones de la clase media. La era de Trujillo (que culmina con el asesinato de Galíndez, novelado por Manuel Vázquez Montalbán, y más recientemente por «el españolito»–puertorriqueño, mi cuate de la adolescencia, mi gurú niuyorkino, Alfredo Matilla, que cuenta en ficción lo que vivió en la realidad con Galíndez («Fredín... ¿dónde te has metido, muchacho?, solía buscarlo su abuela en el cine, cerca de la UPR), y ahora la mediática *La fiesta del chivo*, de Vargas Llosa. Los disidentes dominicanos y la zona entera del Caribe cantaban por entonces —a sabiendas que «chapita» aludía al medalleo runruneante del general:

> *Chapita, no seas criminal,*
> *Chapita, no seas maricón...*

La plena puertorriqueña *Tintorera del mar* a nadie oculta su elemento transgresor anticolonial:

> *Tintorera del mar*
> *Tintorera del mar*
> *que se comió a un americano.*

Mientras la transgresión se convierte en procacidad sexual en *Cuando las mujeres,* que sirve de pretexto para afirmar el brujuleo de las islas:

> *Cuando las mujeres*
> *quieren a los hombres*
> *ponen cuatro velas*
> *y las encienden por los rincones.*

Toda la cultura transgresora de la brujería y sus ritos se concentran en esta plena. Sin «brujería», pero con picardía, revela su autoridad de canon clásico, el cubano *Son de la loma:*

> *Mamá yo quiero saber*
> *de dónde son los cantantes*
> *yo los quiero conocer*
> *tararán...*
> *De dónde serán, mamá...*

El puro sentimiento de existencia es el compás que acompaña el famoso *Cha cha chá,* fuera de la moral convencional y del lenguaje estereotipado:

> *que rico cha-cha-chá*
> *bacilón*
> *que rico bacilón.*

En todos estos textos carnavalizados, la repetición de palabras (onomatopeyas, paranomasias) y todo el variado espectro de la sátira al servicio de la transgresión, la procacidad, le permite al autor (o autora) y al intérprete acentuar el ritmo instrumental, orientado hacia el baile. El almacenamiento de los datos semánticos minimiza el significado de la estructura de la información textual, en proporciones básicas. Los sonidos y letras convierten las palabras en comunicación fácilmente procesada, en reducciones para aprenderse de memoria: son consecuencia de la fatal represión musical y lingüística forzada a la colectividad esclava del Caribe. En el teatro mismo de esa condena, las inquietudes y exaltaciones forman parte de toda la memoria colectiva prohibida. Los procesos del recuerdo de la letra no son sólo productivos, sino constructivos, para derivar el sentido procazmente transgresor.

Y algo más —la *mise en scène*—. El merengue, producto decimonónico de Santo Domingo —esa Española sede de la primera universidad establecida en el continente americano— tiene su escenario en los barrios populares, y se recuerda el prostíbulo de «La Joya», llamado «Perico Ripiao». El nombre equivalía en argot popular a «ripiar un perico» (léase cohabitar con una prostituta). Con el tiempo el lugar se rebautizó «El Polvazo» *(sín comentario; no comment).*

*...Piensa en mí...*
*cuando...*

El lenguaje del bolero —nutrido de idénticas fuentes— es un lenguaje «otro». Absorbido desde el origen en el amor, el tiempo, la seducción, no cura de ninguna manera de la desgracia, de la traición, ni de los celos, ni del olvido. Y, sin embargo, su palabra pone en nuestro mal de ser el estremecimiento de una distancia. El bolero suspende y aísla la voz en una forma nueva que es para el olvido o la presencia el único siempre. Un siempre que en nada evoca el *carpe diem* que lo nutrió: es el siempre del *siempre,* del *nunca* del amor, la sutil ensoñación, el volverás, la mirada, el adiós, la mentira.

En el bolero, en todo momento, predominan la voz, la letra, las palabras que apenas se murmuran, o se respiran en inhalaciones suaves. El ritmo, lento... lento... y la voz que invade el cuerpo, y la letra que nos hace deseantes...

# Intermedio Tropical

PINTEMOS LA ESCENA DEL VÉRTIGO ENCANTADO de la seducción. El escenario varía poco en cada país bolerístico, porque no es difícil decir lo que constituye la escena del cuerpo; elipsis de formas en movimiento, en la danza, donde escapa a la inercia y se desata en el aura de una mirada, y el placer se transforma en alusión y ausencia. Los boleros serán los hilos conductores urdidos. Son parte de la autobiografía que no procede por un diseño lineal sino por su yuxtaposición de materiales, en los cuales cada elemento remite a otra serie de objetos. Acumulo los motivos, las ocasiones, las solicitaciones de todo ese espacio de tiempo de entreguerras.

*«Sutil llegaste a mí»…*
*Estimularemos el recuerdo: cae el telón. El escenario…*
*Bis… bis… bis…*

Ella, con rojos y encendidos labios, peinada a lo Lauren Bacall o Veronica Lake. Él, con bigotillos Errol Flynn o Clark Gable (los más osados, a lo Jorge Negrete); jóvenes en largos trajes de noche, con volados románticos y el más risqué sin hombros y con escotes insinuantes, bailan perfidias, bésame mucho, sin ti, noche de ronda. Telón de fondo: high-ball y cuba libre en mano, juventud «blanquita» con etiqueta y smoking a lo Alan Ladd (ay Julio Vega, mi James Dean, mi Dulcineo infantil, Mickey, José Ramón «the profile», famoso por sus fotos de perfil, con un cigarrillo en la mano, a lo Douglas Fairbank… siempre en pose, y la juvenil cháchara de mis compañeras que se morían por este don

Juan guapo, alto, y delgado…—, Papacito, Babán, Joaquín-el gigantón, el jirafón del grupo, Caba —entre sus brazos, bailando boleros, mambos y pasodobles, hice mis pinitos con el primer *amol*—, Manelí, Fredín del recuerdo sin la famosa magdalena). ¿Y qué hacían Cusy y Edgar?…

*«¿Pero muchacho qué hacías tú tanto rato en la cocina?*
*Jugando, mamá jugando… Con el hijo de la vecina…»*

Telas etéreas, telas floreadas de organdí, chifón, moaré, tacones dorados («Cenicientas» modernas: Vangie, Milagros, Leticia, Raquelita, Edith, Elba, Yoli), brillantes pedrerías, tiaras, mostacillas. Todo comprado (en Puerto Rico, digo) en Clubman, La Favorita, Lema, telas importadas de Camilo Domínguez. Es la época «heroica» del puertorriqueño Gilberto Monroig, del cubano Benny Moré (ay… nuestros chicos de Corea, como solía decir, por la radio la entonces afamada actriz Vilma Carbia). ¡Ay, nuestros chicos de Corea!, a los que les cantó Daniel Santos el bolerísimo «Vengo a decirle adiós a los muchachos/porque pronto me voy para la guerra»… que dialoga con aquel famoso tango «Adiós muchachos, compañeros de mi vida…», ay… que tango y bolero, bolero y tango recurren a la madrecita…

Pues, dije baile, y en la Casa de España (aquella con un jardín granadino con leones y todo), y el primer noviecito y la primera vez que se iba cogida de mano, y el primer beso casto en la mejilla, y el primer apretón, y el primer todo, y la sonrisa de soslayo —vestidos largos de gasa, de organza, o de tul sin hombros («strappless» se llamaban), con zapatos «pump» (o séase de aguja, como los de Marilyn, aunque no fuera de Ferragamo), y no éramos tentaciones rubias, no cantábamos «Happy Birthday, Mr.

*Benny Moré.*

President, pero bailábamos boleros, hermanados con pasodobles, guarachas, mambos, pero ante todo *b o l e r o s*. Desfase en la tentación, sujeto dividido: *b o l e r o s*, mientras la moda de ropa era Marilyn; ah, aquella de cameos y roles de composición como en *The Asphalt Jungle* (*La jungla de asfalto,* 1950), de John Huston, y *All About Eve* (*Eva al desnudo,* 1950), de Joseph Mankiewicz; y luego aquellos papeles estelares en *Monkey Business* (*Me siento rejuvenecer,* 1952), de Howard Hawks; *Gentlemen Prefer Blondes* (*Los caballeros las prefieren rubias,* 1953), de Howard Hawks, *How to Marry a Millionaire* (*Cómo casarse con un millonario,* 1953), de Jean Negulesco, *Niagara* (*Niágara,* 1953), de Henry Hathaway, *River of No Return* (*Río sin retorno,* 1954), de Otto Preminger. Y mi generación bailaba y cantaba boleros, y luego vino su consagración como actriz en *Some Like It Hot*

(*Con faldas y a lo loco*, 1959), de Billy Wilder, y *The Misfits* (*Vidas rebeldes*, 1961), de John Huston, y nosotros bailábamos boleros... con «strappless» y con «pumps» (la erudita enumeración fílmica se la debo a la mano maestra de Ana Nuño, ¡merci!). Y cuando cantó «Happy Birthday, Mr. President», en el Madison Square Garden de Nueva York (digo y redigo, el de Joe di Maggio), vestíamos a lo Marilyn, pero ¡ay! se tocaba fondo y se comía la fruta del árbol prohibido, y creíamos —sí, creíamos— que el amor era *siempre*, y *nunca*. En «pumps» y «strappless»... ¡Ay, si Marilyn le hubiera cantado *Usted es el culpable*, o *Nosotros*, o *Perfidia*... otro gallo quiquiriquí cantaría!... los USA ya lo están cantando, sólo que se retardó el tiempo. Es la paradoja de los imperios: que como un pulpo lo quieren chupetear y estrangular todo, pero no hemos de olvidar al César... que nada es eterno. Tal vez haya que recordar la repetición de la serpiente, que introduce la duda y la mentira.

No, Marilyn no cantó boleros... pero se bailaban con su ropa y esa moda de *femme fatale* ingenua... y atrevida a un tiempo... anhelante... esperante... que traía aroma a jardín de Eros y la recurrencia de todos los fantasmas eróticos. Y todas y todos estábamos enamorados del amor, y el bolero era el principio del juego erótico... y todo lento... lento... inefable... y la posición femenina y la masculina —en el baile, digo— eran muy específicas, y yo me preguntaba ¿qué es ser mujer?, y mi pareja de baile se diría «Ésta es *La* mujer»... y yo soñaría con *el mille e tre*... ay... y todas queríamos ser la Una, y querer, y era un continente opaco aquello del desear... pero el bolero sí marcaba —en el baile, insisto— la diferencia anatómica entre los sexos. ¡Qué sutil juego de posiciones frente al goce! No lo sabíamos... pero se adivinaba, ¡huy... qué rico era adivinar...! que el bolero está marcado por la ley del lenguaje y por la política de los sexos. El final del baile —contradictorio siempre— podía ser catastrófico o esperanzador; el bolero es a la vez la fase ritual y la fase estética... la superficie del cuerpo es la portadora máxima de mensajes, con los ojos cerrados, entornados, entreabiertos, con miradas robadas... es el fin del estado de inocencia.

Bis... bis... bis...

*Y hoy... sin chicos de Corea... pero sin cantar «The Star Spangle Barnner»...*
*Escúchame... No es poco.*

No es poco... que no... que no es poco.... que la música apacienta los corderos, apacigua las fieras... El b o l e r o que en vano persigo es obra del divino poder, de la suma sabiduría y el primer amor, curiosamente, el infierno. Es la pirámide inversa de los recuerdos, mundo poblado de fantasmas y por inolvidables letras y ritmos. Es la *Biblia* (cuyo nombre griego en plural significa los libros), una biblioteca como la de Alejandría o la babélica borgiana, de los libros fundamentales de la literatura amorosa, sin mayor rigor cronológico. Abarca la cosmogonía, la historia, la poesía, las parábolas, la meditación, la filosofía. Los boleristas son meros amanuenses del espíritu, que determinan cada palabra. El tema, el eterno tema, es el hecho de que se pueda ser desdichado; en su muladar, cada oyente se queja y maldice. A veces la discusión es ardua y porfiada; la voz del amor —eso que el bolero rodea— habla desde el torbellino. El amor está regido por un enigma.

*Si Marilyn hubiera cantado boleros...*

Y en el California Dancing Club, y en Don Fernando's Bar el bolero... lento lento... A paso largo, a paso corto, en la imaginada superficie de un ladrillo o una losa o una loseta... el estremecimiento del aldebarán del alma...

bis bis bis

Mientras la música cambia de pronto: «échela brusca manigua»... «riacatán»... Y miles de violines se apagan, y el güiro suena, y suenan las maracas, y el tambor y la trompeta, y de la trompeta al silencio, y del silencio al baile, y del baile a la nostalgia... o la seducción.

La época del «chowcito» cubano, y en la radio, puntual todas las tardes (a las seis en punto, a las seis en sombra de la tarde), *Ella, la inolvidable* o *El derecho de nacer*, Mona Marti incomparable. Los ídolos: Ruth Fernández, Joe Valle, Tito Lara, Sylvia Rexach, Myrta Silva, César Concepción, Rafael Muñoz, Gilberto Monroig. Y ahora con ustedes... en la radio, Bobby Capó:

> *Bacilón, qué rico bacilón*
> *cha-cha-chá*
> *qué rico cha-cha-chá*

compitiendo en El Escambrón, El Palace, El Condado.

Sigo redimiendo mis objetos. En cine: Ninón Sevilla, Tongolele, las rumberas, y Mapy Cortés; el cine mexicano nos traía aromas de leyendas con

Daniel Santos.

María Félix, Dolores del Río, el Indio Fernández, Sara García, Tito Guizar, Pedro Infante, Jorge Negrete, Miroslava García, el español Jorge Mistral, *El peñón de las ánimas*, *Doña Bárbara*, *Santa* (la heroína de Lara), *La perla*, *María Candelaria*, *Allá en el rancho grande*.

Pero en diálogo entonado con las «españoladas» de exportación —Sara Montiel con los últimos cuplés (¿quién no quiso esperar fumando?), las violeteras, la *Juana la Loca* de Aurora Bautista, Joselito, Marisol, del cine bajo el franquismo... No faltaban las reposiciones de Carlos Gardel, Hugo del Carril, Libertad Lamarque —el tango— refortalecido desde el peronismo («Perón Perón, qué grande sós»), que vivía en el resto del continente Sur y en Centroamérica y el Caribe, cómodamente en contigüidad y en paz ecuménica con el bolero. Y Daniel Santos, «El jefe» «El inquieto Anacobero», con su voz de burdel barato y tono aguardentoso inigualables, desde Puerto Rico y luego desde el D. F., en letra de Rafael Hernández:

> *buche y pluma no má, eres tú*
> *buche y pluma, no má...*
> *Una tarde que en un baile la invité*
> *a que fuera a bailar*
> *y después que bailamos resultó*
> *buche y pluma no má...*

bis bis bis bis bis

¿Moda retro hoy? ¿Nostalgia, como el título del tango-bolero? En todo caso: en la letra el amor es el fin de la regla y el comienzo de la ley. Sus rituales mágicos de seducción maximalizan el placer, el deseo, la ausencia en efusiones de formas hasta ese momento de placer, secretas. Son signos y palabras celosos de sí mismos; confesiones, comunicación a un estado potencial liberado, radiante de siempres y nuncas. Un universo de sensualidades modernas, fermentos de religiones eróticas populares, democráticas, en energías proselitistas. Bolero-seducción y bolero-amor; dos discursos amatorios que se interpenetran. Uno habla a las pasiones primordiales que desconoce los celos y promete siempres, nuncas en pactos y ceremonias rituales. El bolero-amor habla a la «noviecita» dulce, y las miradas pudorosas son de «niño», de «santo», como los *Ojos tristes* de Guty Cárdenas.

Amor pasión, amor seducción, tradición del Eros. Pero existen, naturalmente, otras músicas y letras: no faltan la pobreza, la diferencia racial, la lucha de clases, la referencia moralista. Recuérdense *Quinto patio* (Luis Arcaraz y Cortázar), o *Con mi corazón te espero* (repertorio de Roberto Ledesma: «Tú tan rica, yo tan pobre»); *Amor de pobre* (de J. González, repertorio de Leo Marini: «No me quieres / porque sabes que soy pobre»); *El bardo* (de Bobby Capó): «Se enamoró un pobre bardo / de una chica de sociedad»; *Amor de pobre* (repertorio de Lucho Barrios): «yo nací de pobre, lo quiso el destino / mas también los pobres tienen derecho a amar», y el «Angelitos negros», incomparable en voz de Toña o voz de Ruth o la extraordinaria voz andrógina de falsete de Machín. ¿Y hemos de olvidar ese exceso que se llama «Bola de Nieve»?

Abunda también el discurso masculino puro que es, en última instancia, la pesadilla de la verdad: de violencia y de seducción, sin el placer erótico que procuran las frases.

El bolero, en definitiva, nos impone una historia, obligatoriamente edípica. Todos tenemos un origen, todos auscultamos la esfinge, todos algún día seremos seducidos. Los únicos enfermos son los que nunca han sabido amar.

# El Secreto a Voces:

## El Discurso Amoroso del Bolero

L A NARRADORA VUELVE A CONTAR LA HISTORIA incapaz de continuar la simetría lineal de los relatos. La historia del bolero rebota y determina ese espacio neutro de lo lineal y le sirve de pretexto para dar una visión entre divertida y nostálgica.

¿He de repetir que nació en Cuba y entre 1885 o 1886 y el danzón en 1879? En todo caso sus infinitas transmutaciones y permutaciones permiten suponer —con los expertos— que es uno de esos viajes de ida y de vuelta de la canción europea. La fórmula mágica parece ser la siguiente: frases de cuatro compases binarios y separando los 32 compases de la canción tradicional en dos secciones de 16 compases cada una, pasando de la primera a la segunda con cambio de tono (ésta es, cuenta Garrido, la alquimia del piano filosofal de Agustín Lara). La misma fórmula tradicional se enriquece (y vuelvo a citar a este experto), con Álvaro Carrillo y su patente mexicana: 32 compases divididos en cuatro secciones, la construcción de rimas de A-A-B-A (semejante a alguna arquitectura del soneto clásico), utilizando ocho compases por cada sección. Los primeros ocho, divididos en dos frases o expresiones *(leitmotiv)*, que vuelven en los siguientes ocho compases sin más repetición que su final en tónica. Si bemol. La binarizacion de la música indica su raíz africana. Pero... pero... pero... no olvidemos las fugas, y los repetitivos y los descentramientos que vienen del cultísimo barroco.

En esta relación con la forma, nadie puede acusar al bolero de simplismo. En realidad, es un secreto difícil de comunicar, el secreto de quien ha logrado encontrar en esfinges, amores, ninfas, faunos, dríadas, quimeras y otras pasiones y criaturas fabulosas la quintaesencia de las relaciones de amor. Es una naturaleza amorosa revivida en la imaginación y combinada según la lógica de un sueño estructurado y perturbador. Y no es casualidad que muchos fabuladores —incluyendo a García Márquez— confiesen las dificultades de escribir boleros. «Poder sintetizar en las cinco o seis líneas de un bolero todo lo que un bolero encierra es una verdadera proeza literaria» (en 1986). Proeza literaria tan difícil como encerrar en catorce versos un soneto (y retomo los fueros de la historia, de la arqueología de este «saber»). Difícil escribirlo, pero ahí está, presencia mórbida en la novela del Caribe —Puerto Rico, Cuba, México, Colombia, y... y... que las emociones tienen ideología, ¿lo repito en ecos?—. El bolero es una red cultural inclinada hacia el placer, atormentado por el «tercero». El principio de realidad y de placer vía el lenguaje, con esa capacidad de retardar el placer... Y la guitarra (como la mandolina o el laúd de los trovadores) fue su primera conquista, que se repite... que se repite...

Hay un territorio fronterizo entre el ojo, el haz de rayos que choca con los objetos y la mano, que percibe la realidad tocándola con sus rayos y después vuelve al interior del ojo. Aparece toda una ciencia en las manos milagrosas de los tríos, que detienen las palabras prisioneras en la revelación absoluta de un mundo de amores destinado al ojo del alma y que, emitido por la voz, nos cruza. Los tiempos están maduros para que entre en acción el yo amante, en la fortaleza bien defendida de la guitarra.

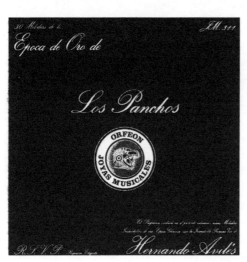

Los Panchos.

A un trío, no, una constelación, esta vez Los Panchos (inicialmente los mexicanos Chucho (Jesús) Navarro, el Güero Gil (Alfredo Bojahil Gil, que murió en 1999, ya el último superviviente del trío), y Hernando Avilés, y, después de 1952, el puertorriqueño Julio Rodríguez), se le debe la otra gran arma secreta en la década de 1945: la guitarra requinto, que le consiguió un matiz particular al «ritmo de bolero», cantado a tres voces en diferentes tiempos (primera, segunda y tercera voz) y la capacidad de Chucho Navarro (segunda voz) para acoplarse a la primera. En suma: un orfeón en tres voces, una suite, un solo en un trío, un dúo *in gamba*. Las manos en la requinto como desinteresadas, cantando melodías que seducen, bajo la mirada que oculta, la mirada que esconde. La palabra altera el polo de la mirada, las cuerdas...

*Mírame...*

Entre manos acariciantes e intimidades lentas, la otra piedra filosofal —el piano— fue el don de Agustín Lara, y entre piano y guitarra ha seguido su cauce hasta el presente. Si bien se orquesta con frecuencia de manera particular (los instrumentos de viento tienen sordina).

El mundo sobrenatural del bolero, hormigueante y multiforme, difícil de ordenar, yace en el poder de transfiguración poética de la palabra del imaginario caribe transculturado.

Cabe imaginar que, en la seducción amorosa, la palabra, la voz y la *entonación* sean el lugar del secreto: el *mensaje* contiene lo que se nos escapa. Pensemos de la manera más sencilla posible la comunicación —locutor/ mensaje/ interlocutor— nunca estable, porque socialmente orientado, este triángulo es intercambiable, si tenemos en cuenta la inestabilidad del sujeto. Pensemos en el proceso, el momento en que la voz se convierte en imagen. La recepción del mensaje del bolero varía de acuerdo a la situación del sujeto y al contexto: ilustremos esta hipótesis con un ejemplo de transgresión femenina, *Bésame mucho*, de la jaliciense Consuelo Velázquez, éxito de 1941 (año lo dije ya del bombardeo de Pearl Harbor).

Si el bolero es proteico, y la voz encuentra la palabra, es de sospechar que el significado cambie de acuerdo al género sexual

*Elvira Ríos.*

del intérprete: voz masculina o femenina. Que el ruego-orden —«bésame mucho»— creará niveles de energía distinta si cantado por... Toña la Negra, Lucecita Benítez, Elvira Ríos o... Los Panchos, o la «Voz» Felipe Rodríguez. Tomado en su totalidad, la significación está subordinada a las imaginaciones de los interlocutores: el «bésame» cambiará su referente y su designación. Escuchamos el bolero en una actitud estética-emotiva, y lo que nos fascina a través de la música de esta lengua del *sí (langue d'oc)* y esta lengua del *no* del *fin'amors* es la significación y las imágenes y emociones que despierta. Ni el tú/yo, ni el nombre propio tienen una sola significación, sino que gravitan hacia el polo de las imágenes, que es individual y subjetiva. Este acercamiento determina la existencia estética de la voz que canta, lo poético de sus resonancias fantásticas, llenas de poder referencial. La pregunta es: ¿quién habla en el bolero?

A los discursos sobre las *perdidas* no hay que preguntarles de qué sujeto sexual provienen (Agustín Lara, como subrayó Carlos Monsiváis en sabrosas páginas, fue el adelantado). El género de amor que constituye su historia es violento y súbito; una llamarada que irradia irresistible y calienta la sangre, induciendo al varón a la demasía. En cuanto objeto «representado» por el discurso del poder, la iconografía de la mujer distingue desde siempre entre la señora/la ramera, la noviecita/la mujer perdida, entre tantas otras oposiciones. El bolero escrito por mujer introduce nuevas variantes y estrategias, en fugas del principio del placer, que parece estar escapándose constantemente. El modelo estratégico se encuentra originalmente en la poesía amorosa de la francesa Louise Labbé, de la italiana renacentista Gaspara Stampa y, más tarde, en el barroco de la mexicana Sor Juana. Este saber, en nuestro siglo, es el dispositivo de la poesía de Delmira Agustina, Alfonsina Storni, Gabriela Mistral y de nuestras caribeñas, Clara Lair y Julia de Burgos.

Lo extraordinario es cómo a distancia de siglos los mitos amorosos vuelven a resultar fecundos en nuevos niveles de conocimiento, asumiendo nuevos significados en los contextos renovadores. La lírica del bolero revela de manera evidente varios criterios: el de formación del discurso (siglo XIX), y el de las transformaciones y su especificidad y sus redistribuciones (me baso en el modelo de M. Foucault). Es un discurso que se inscribe en las relaciones de poder que «representan» los sentimientos supuestamente típicamente femeninos, en pluma de eruditos y cortesanos: el sufrimiento del amor, la congoja, el deseo vago, todo eso que Jacques Lacan llama «carencia». Pero en su nueva redistribución, también esos sentimientos y «saberes» le pertenecen al hombre (los títulos de algunos boleros hablan por sí mismos): *Arráncame la vida* («con el último beso de amor»), *Espérame en el cielo* («corazón, si es que te vas primero») *Cruel abandono* («Amor un día me juraste»), *¿Por qué ahora?* («Solo rodando por el mundo»). En ambos polos de la sexuación, la tendencia a la unión —Eros tiende a unir— nunca es captada sino en su relación con la tendencia contraria, que lleva a la ruptura, a la redispersión.

Si retenemos los lazos de la comunicación del intercambio humano, todo desciframiento y reorganización del mensaje es cuestión de interlocutor/interlocutora: un bésame mucho a oídos masculinos o femeninos, una perdid*a* que se transforma por arte de birlibirloque en perdid*o* en el escenario interior de una mujer insomne y doliente. Es decir, que las palabras se

*Ruth Fernández y Eusebio Casemey.*

re-agrupan, se re-definen, se re-semantizan, se re-articulan a partir del receptor o receptora de la letra del texto. Caso ejemplar «Tú volverás, has de volver, a mí vencida», que en interpretación de Ruth Fernández se transforma en vencid*o*. Igual abertura permiten los textos de la puertorriqueña Sylvia Rexach, *Di corazón* («si aún me quieres») y *Nuestra luna* que transmiten y condicionan los géneros gramaticales y su género sexual de acuerdo al intérprete. Esta capacidad proteica distingue también los textos de Myrta Silva, *Cuando vuelvas* («Algún día volverás, con el corazón partido»), y los de Puchi Balseiro *Tú y mi canción* («Mi canción es para ti»). Por idénticos motivos, es posible imaginar, ¡y por qué no!, en boleros escritos por hombres el lamento de mujer, es decir, la demasía sentimental de algún tipo de mujer con sus modulaciones; aquello de que no se conoce amor sin odio y sin celos, y el imperativo del rival. Se interpela el goce, se evoca, se acosa, a partir de un semblante. *Tres palabras* («Oye la confesión de mi secreto»), de Oswaldo Farrés. Por el contrario, alguno está definido sexualmente —*Soy tuya*, de Juan Bruno Tarraza, pero un cantante puede crear las variantes debidas; «soy tuyo» forma también parte de este discurso de historias de amor, que desde el amor cortés brilla en la historia como un meteoro, y sigue siendo enigmático.

El texto, en cada auditorio social/individual definido, incorpora nuevos significados, o genera nuevos mensajes. El sufrimiento humano es universal, no sólo femenino, puesto que desde el Werther romántico, al menos, está muy claro que también algunos hombres mueren de amor. Este amor romántico se habla, se dice, y hablar de amor es en sí un goce; toma al otro por su alma. El mensaje del bolero transforma al *tú* y al *yo* en héroes y heroínas aunque sólo sea fugazmente; no se cede en el deseo de hablar y decir el goce en que está envuelto el sujeto, en lo «imaginario social» nos transformamos en la dama y el señor, la princesa y el príncipe, en un juego recíproco de identidades e identificaciones. Y aún más: *Perdida* («te ha llamado la gente»), *Dos gardenias* («para ti»), *Bésame mucho*, hasta el irónico *Usted es la culpable* cambian de especificidad cuando los cuerpos se juntan en el baile, y comienza la semántica corporal de la seducción. En el interior de esa estructura —letra, música, espacio— se especifican los juegos de poder en alternativas liberadoras.

El juego conjura la ambigüedad sexual. Un *tú* puede siempre metamorfosearse en *ella* o *él*. Se privilegia la polivalencia de la superficie de los géneros sexuales en lo imaginario, y ni la edad ni el estatus social (a nivel de discurso, pero sí de contexto de baile), alteran los encantamientos insólitos. A esta ambigüedad de cercanías súbitas han jugado y se han jugado *los* y *las* cantantes de bolero. La interrogación fundamental sobre este saber sería aclarar si esta ambigüedad sobre los géneros gramaticales (yo/tú) es el origen del juego, que se sitúa así en una zona donde la gratuidad y el placer lúdicos se interpenetran. Los sujetos gramaticales se hacen circulares entre la voz que lo transcribe, y la voz que lo interpreta, y la sensibilidad de los que escuchan en el espacio común del encuentro poético.

Exploremos lo fantástico de estas transmigraciones, y esas palabras que una voz pone en actividad lúdica. Volvamos al *sujeto* hablante: es decir, al *yo* lírico y sus posiciones y los tipos de representación. Al igual que la cantiga y la canción medievales, el bolero se destina al canto, a la comunicación oral a través de un/una intérprete. Ese ordenamiento de los seres y su repartición —mujer/hombre— designa dos situaciones culturales y sociales diferentes que inciden sobre el *mensaje*. La distinción primaria —el sexo del cantante— tiene consecuencias importantes, pues a partir de ella, el significado del mensaje será reinterpretado y reacentuado mediante el concurso de las facultades corporales, intelectuales, espirituales y afectivas. La *identidad sexual* mina el mensaje, y la distancia entre el mensaje y él/la receptor/a es mínima; la posibilidad de reflexión emotiva se encuentra al filo recto del lenguaje en la dimensión fundamental de la fábula. Impide nombrar esto y aquello, rompe los nombres comunes y enmaraña los pronombres desde su raíz. Es la *Deutung* freudiana, la interpretación que altera la relación de dos procesos y de dos espacios. Solicita del oído del oyente la identificación de las significaciones y de las articulaciones en la repetición de contenidos de la letra del deseo. Es propiamente su sublimación, es una identificación que depende de la distorsión del objeto y lo transforma en su contrario. El ser que habla se queda corto en lo tocante al otro, se abisma en el sin-sentido, en la pregunta y el enigma.

El bolero tiene la doble función de comunicar y persuadir/seducir, con promesas eternas, acto performativo por excelencia: «Júrame», «te juro», «quiéreme», «ódiame», «espérame en el cielo», «no me abandones». En el proceso de transmisión del mensaje, todas las capacidades emotivas (en las cuales el género sexual no es de las menores), se despliegan, se disponen sin lugar real en lugares privilegiados de la imaginación. La naturaleza del mensaje cambia según el oído que escucha. La adquisición del conocimiento por identificación con la fábula altera la experiencia de la vida y de la realidad. El mensaje constituye, en cierto sentido, una confirmación de la experiencia de la vida, de la norma social, de los valores de la comunidad a la cual pertenecen

*Celia Cruz.*

las mujeres. Los elementos textuales (léxico, sintaxis, argumento) no son sólo ornamento retórico; se trata de verdades o experiencias conocidas y reconocidas por el auditorio. Estos elementos son funcionales y refuerzan el movimiento del baile, la expresión de los cuerpos y el baile, y la *entonación* de las palabras y la música.

La voz del intérprete —como mediador/a en este caso— le confiere todo el contenido potencial al mensaje. El tema del amor —central en el bolero— es sobre todo *social*; es decir, las relaciones sexuales/eróticas tal y como éstas se perciben dentro de una comunidad específica. Cada bolero las individualiza y las inscribe nuevamente mediante el/la intérprete, que dota de una entonación especial los ideales, sueños y conflictos de su grupo sexual. Pero algo más. Revela el *odioamoramiento*, y el goce, que puede ser inconfesable, se dice a medias. Se reviste la imagen, y el deseo se inscribe a partir del cuerpo y su contingencia. No hay evidencia sólida del amor: sólo palabras.

Ritmo, posición y encadenamiento de las letras remiten al intérprete. La autoridad del discurso (de la letra) está fundada sobre una concepción del mundo y de la sociedad compartida, que todo receptor reconoce en el acto performativo. La individualización de cada uno de los boleros es, en cierto sentido, y al mismo tiempo, la reintegración de fantasías y de conflictos. El mediador o intérprete se convierte al mismo tiempo y en un mismo punto, en emisor/receptor y por la *entonación*, que marca el sexo, recompone y reacentúa el contenido; le confiere rostro al texto. La voz del intérprete sexualiza la imagen interna que se superpone a la fotografía. La entonación y la voz se convierten en instrumento para proyectar la imagen del rostro que nos obsede. La voz nos permite reconocer el dolor por un duelo reciente o el placer que se multiplica así en su red.

La *entonación* está en posición de perfecta soberanía, en la exacta posición que obliga al oyente al vuelo subjetivo perpetuo. Se presta a la producción de sonidos y ritmos, y se regula sobre su poder melódico para engendrar sentido y expresión. Lo que se reconocerá en el bolero es la victoria de la entonación expresiva sobre el discurso, acantonado en su espacio liso. La *entonación* deconstruye el discurso y multiplica la vasta zona del juego. A través del canto —de la «voz»— introduce los sentidos ocultos de la escritura: el deseo. La *entonación* invita a oír y recusa la visibilidad de lo legible; barre las señales escritas y su actividad comienza más allá de la inscripción.

La función del/la cantante es central para captar el interior mismo del género; en cuanto sujeto social, en el seno mismo de un grupo social, reactualiza los valores, las ideas y los conflictos de su comunidad. La posición de los sujetos revela a su vez situaciones de *poder;* es decir, los elementos de comportamiento tradicionales que imponen de manera ineludible un contenido específico a las relaciones amorosas y al papel que la mujer desempeña en estas experiencias. Se repite, en cierto sentido, y como ya he sugerido, el discurso tradicional de la lírica amorosa desde la Edad Media: un aparente poder absoluto que tiene la mujer en la relación amorosa o sobre el amante, y vimos también que el amor cortés aparece como la estrategia más radical para elevar el valor del objeto poniendo obstáculos. Las palabras serpentean, se hacen indirectas. También, en inversión, el poder del escarceo amoroso, puesto que el juego seductor resulta de la interacción entre el hombre y la mujer, y cómo esta interacción transforma el discurso del uno y de la otra. Esto nos permite identificar la(s) ideología(s) subyacente(s), las mitologías: una especie de juego ficticio sobre el *poder,* sobre qué sujeto puede expresar, ver, focalizar el cuerpo y tomar iniciativas. Bajo estos escarceos quedan disimuladas las asperezas. En cuanto texto cultural el bolero transmite toda la cartografía amorosa latinoamericana moderna; es la enciclopedia de las fantasías culturales sobre el amor. Saca a la superficie el paradójico papel de las normas no escritas, que son a la vez transgresivas y coercitivas. Letra, entonación y voz sostienen el deseo; la no aceptación de la cerrazón final está en la vana esperanza de que el ser amado nos esté esperando a la vuelta de la esquina.

La distribución de las actividades que contribuyen a las acciones (el juego seductor) se hace sobre un plano aparente de igualdad puesto que tanto el *yo* como el *tú* son centro y frontera de acción. El clásico *Bésame mucho* (1941) se focaliza e interpreta de manera distinta a partir del sexo del/la cantante. Es una interpelación a inscribir el género sexual en la palabra asexuada, de todos; una interpelación a proyectar las imágenes personales, pues la significación se pone a prueba fuera, en el oyente. Así cada palabra, cada orden, cada ruego —*no, sí, jamás, nunca, siempre te amaré, volveré, no he de volver*— es un diálogo/ monólogo en pos del objetivo ausente de que habla. El conocimiento requiere la trascendencia en dirección a los otros sujetos y a sus imágenes y nostalgias: el bolero requiere la trascendencia simétrica, procedente de las imágenes que se alojan en sus palabras.

Cada discurso amoroso obtiene otro contenido y otro mensaje para el oyente. Por iguales motivos, *Usted es la culpable* se resemantiza y el pronombre *usted* puede remitir a un él o un ella; Ruth Fernández, como he dicho, convierte

María Grever.

a la *vencida* en un *vencido*. Los textos de María Grever son ejemplares: el sexo del *yo* es siempre intercambiable en *Así* o en *Júrame* («Todos dicen que es mentira que te quiero»). La Grever es maestra de metamorfosis sexuales. El habla que expresa cada cantante quiere abrirse al paso de la visión y del deseo, y crear figura con significado. Es un lenguaje fascinado por lo que no está, por la ausencia, o por lo que está intentando ser; es, como el lenguaje del conocimiento, una aspiración llena de grietas por las cuales se escapa el deseo. Vuelvo a preguntar, ¿quién habla en los textos?, ¿cuál es el rostro del hablante?, ¿cuál es el rostro del oyente?

Este cuadro de los sentidos —si bien más complejo— se da con otros clásicos: *Perdida* (de Chucho Navarro) y *Perfidia,* que en su función de emisor/receptor simultáneo él/la cantante redistribuye con otros significados, y el auditorio social/sexual reinterpreta, deconstruye, de acuerdo a una situación emotiva contextual específica. En el escenario interior de una mujer, el «perdido» puede ser el hombre amado o, más sencillamente, el sujeto «perdida» se resemantiza, y se crea una especie de neologismo de lugar: no la mujer «perdida» o de «mala vida», sino objeto/sujeto perdido, aquello que se deja de tener. La deconstrucción emotiva del auditorio sexual/social llena los vacíos del discurso, asignándole otros personales. Toda la fuerza del sentir se le concede a la imagen, del lado del sujeto individual que escucha.

Como es de rigor, en textos que dependen de la difusión oral, los cantantes cambian el sexo del tú, los tiempos verbales, los adverbios de lugar. Las canciones escritas por las joglaresas se transforman en discursos masculinos. A veces incluso los cancioneros se reproducen de acuerdo a las innovaciones o alteraciones de los cantantes. El bolero, un texto cultural abierto a los cambios y transmutaciones sociales, invita al oyente a construir y re-construir los mundos amorosos, es «obra abierta», con fronteras movientes, apoyadas en la propiedad personal de los pronombres. El *yo* y el *tú* nos llevan a sueños dentro de sueños, que forman un juego de espejos. Y nos enseñan que el olvido puede ser una forma profunda de la memoria. Ajenos al discurso afectivo, el *tú* y el *yo* son formas vacías. Desde el punto de vista lingüístico, reciben su realidad y sustancia únicamente del discurso (y adapto a Benveniste), y a través de éste conducen a la «evasión» de un contenido en favor de otro que recompensa los sentimientos. Una vez que nos movemos en el deseo entramos en el dominio de la palpitación que encuentra la satisfacción en la eterna repetición del mismo gesto fallido. ¡Más! Siempre más de lo mismo.

*Cuando tú te hayas ido*
*me envolverán las sombras...*

Resulta emocionalmente difícil considerar el bolero desde un punto de vista neutro. Expresa el mundo de referencia efectivo, indica el mundo a partir del cual el emisor y el oyente juzgan y valoran las experiencias eróticas. Dicho de otra manera: hace accesible la enciclopedia de valores amorosos porque no está en contradicción con la lógica de los mundos culturales posibles. Es copernicano, pues como la trayectoria de los planetas, es circular, comunica y suspende sentimientos, experiencias y conocimientos propios de las relaciones amorosas imaginarias, relaciones eróticas que comprometen toda la existencia de la persona —corporal, afectiva, espiritual—. Nos descubre los ejes del lenguaje que se cruzan sobre los signos, establece que la referencia (o designación) es lo verdadero. Es un discurso donde, tanto el hombre como la mujer —en cuanto personas reales—, se focalizan mutuamente como sujetos, se reconocen de manera activa, formulan las exigencias que satisfacen los deseos. En definitiva, el discurso amoroso del bolero revela que los dos sujetos son esencialmente *sociales* y expone lo que es la naturaleza de la relación de igualdad y que esta naturaleza consiste en el movimiento de sustitución o conmutación. Este movimiento se realiza en el espacio de la voz, como deseo que se mueve hacia el sol platónico de la presencia.

Nos hallamos ante la presencia de varias formas de ser el *no* y del *sí;* de formas de construir un mundo amoroso; un tipo de fábula amorosa cerrada, que no permite alternativa alguna y elimina el vértigo de posibilidades, o la que nos plantea varias posibilidades, de acuerdo con determinados paseos referenciales que alteran la vivacidad y la intensidad de la cooperación. El oyente tiene sus propias opciones libres. ¿Quién es más poderoso de los dos?,

*El cuarteto Victoria: Rafael Rodríguez, Pepito Aruelo,*
*Rafael Hernández, Bobby Capó y Myrta Silva.*

¿qué revela en realidad sobre las relaciones sexuales? Si nos contentamos con seguir el movimiento, llegamos a la relación entre el deseo y lo negativo. Aquella *verneinung* freudiana que distingue el juego del deseo de saber. Para trazar la ruta, incluyendo los momentos negativos, de crear el deseo y el goce. Al menos, en ese instante de re-semantización y de deconstrucción, no hay presupuesto alguno sobre quién ejerza poder o autoridad en la relación amorosa y en el juego de seducción; éste se da sólo en el trasfondo de la interacción dialéctica, mediada, como he dicho, por los intérpretes. En ese exacto momento de *oralidad* a veces se le confiere a una sola palabra, en un mismo contexto y en una misma situación dos significados, problema fundamental para aclarar al aspecto de la referencialidad en la teoría lingüística. Es el uso de un *yo* por distintos locutores simultáneos; el sueño como la realización del deseo. Es lenguaje que afirma y que niega, que oculta y que revela, que sueña y está insomne; la/el cantante impulsa a su vez el *trobar clus* (hermético) y el *trobar leu* (directo y comprensible) en fisuras de negaciones. Su fuerza consiste en hacer presente, en reproducir mediante la representación un objeto ausente.

*...me gustas tú y tú y tú... y solamente tú...*

Oralidad, entonación, prosodia. Prosodia musical y prosodia literaria, graves normas de restricción. Para comunicar sentimientos y emociones la letra *clara*. La articulación perfecta. Si el mensaje melódico aspira a persuadir y a seducir, el contenido del lenguaje del deseo debe ser nítido: las *eses*, las *erres*, las *dés* marcadas. Se canta en una especie de aristocracia lingüística sostenida. El cultismo de la pronunciación agrupa vocales y consonantes en rigores fonéticos y eufónicos. Una perfecta dicción siempre divorciada del habla cotidiana, pero que dista de ser afectada o pedante. El bolero tiene su propia dicción; la crea, como una convención más. El/la cantante evade la opacidad. Melodía y letra están en conformidad en la forma de expresión. La distribución de los elementos consonánticos y vocálicos es tan importante como el vocabulario técnico de su lenta orfebrería, de su armazón paciente. El espacio del bolero es la superabundancia de la claridad para jugar a la elipsis del placer, del erotismo en tanto que actividad puramente lúdica. La claridad de las voces y las sílabas es parte del juego, cuya finalidad está en sí mismo, en función del placer. El lenguaje somático de los cuerpos, la semántica del cuerpo se levanta contra el nivel denotativo. El habla y el movimiento recuperan su capacidad de producir. Los intervalos, las repeticiones de la melodía y la música deben descifrarse, al nivel del código que lo esconde y lo duplica.

Se infiltra toda una ciencia, una declaración de método y todo un programa. Cada palabra se abre con datos de clima, fauna, flora; de lugares verosímiles. Transmite toda la turbación moderna, y coexiste con la modernidad. Equivale a una especie de apropiación y difusión del discurso modernista (y sus derivados), y nos permite ver el pasaje y la curvatura de un discurso a otro. Es decir, abre el espacio entre la literalidad y la oralidad. Es la forma proteica que transmite una nueva canción, que se sitúa en el nacimiento de una especie de moderno y popular *fin'amors* y se caracteriza por una transformación profunda en la vida social y cultural. Toda una nueva valoración, un nuevo lenguaje amoroso-lírico-narrativo, articulado en diálogos entre un *yo* y un *tú* en cierto sentido intercambiables. Este esquema comunicativo no siempre está articulado sobre la distinción sexual. En realidad, el diálogo se entabla entre un yo/tú que puede ser masculino, femenino o incierto; ambigüedad que permite la identificación y la transferencia.

En esta cartografía, he de insistir en que el discurso del bolero se estructura sobre una multiplicación y extensión de los papeles de las clases gramaticales; multiplica el papel del emisor(a), y resulta imposible identificar de modo inequívoco al receptor o auditor. El *tú* puede ser una persona real, un receptor imaginario o, incluso, el auditor concreto. La letra intensifica las ambigüedades, mediante el uso elíptico del lenguaje (factor central en la poesía lírica «culta»). Se podría decir que el *yo* y el *tú* se separan del mundo real, y si en el discurso narrativo sólo la situación de habla los define, en el lenguaje lírico del bolero se vuelve ambiguo, y sin fronteras definidas la interpretación de los posibles referentes.

La palabra es un nudo que proyecta la diversidad que puede presentarse en la mente (ideal poético de Paul Valéry, en muy otro sentido). Esta multiplicación de papeles sexuales cambia y amplía las posibilidades de la comunicación; ésta ya no está restringida a los límites que el hablante y el oyente individuales le imponen en otras formas discursivas. El texto, en ritmo de bolero, se dirige a un sujeto, un alguien que no obedece a las leyes del espacio y del tiempo. Además comienza el deseo en la medida en que está precedido y marcado por su cortejo de representantes. Cualquier auditor puede identificarse con los cuerpos inscritos en el discurso por el pronombre *tú*; el lenguaje proyecta la tercera dimensión del «tercero» o «tercera» ausente. Esta representación arma el tablado imaginario y abrevia la distancia y la tensión que separan el interior y el sujeto/ objeto que constituye el deseo.

En este universo sin contornos fijos los adverbios *(aquí, ahora, en este momento)*, pronunciados por el/la cantante relacionan el tiempo pasado con el tiempo del acto de lenguaje, como si fuera el tiempo de la épica heroica, multiplicando así las dimensiones del espacio y del tiempo. Éstas se amplían a través del espacio de la percepción, que proporciona a los participantes un conocimiento común de los objetos y acontecimientos implicados y aludidos en la situación real/ideal específica. Es esta percepción la que determina el tipo de interacción social: el diccionario del bolero se basa en el principio de presentar cada yo y cada tú como si realmente existiera en un espacio y tiempo determinados, en un *ahora*.

*Atiéndeme, quiero decirte algo…*
*Escúchame, que aunque me duela el alma*

Pero el amor también ordena el ruego. Los textos disponen de elementos sobrados para disipar los temores de que la afirmación y la negación no remitan a un tú específico. Para acentuarlo juega a la coerción como principio del placer. Invoca, retira o acentúa lo que la palabra añade al principio del placer, en juegos de lenguaje en energías de pulsiones en perpetuo moverse. Los verbos, las órdenes —*mira, escucha, júrame, comprende, oye*—, que obedecen a una técnica doble en el vocabulario amoroso: los verbos realizativos permiten inscribir al auditorio (al que escucha el bolero) en la situación textual, como si formara parte de ella. Se le libera de la confinación de su situación real de mero espectador o de mero oyente; se le libera del *voyerismo* y de la angustiante sensación de sólo desear. Además, los enunciados del hablante textual crean una situación, ésta no se impone, más bien se crea la atmósfera para sentirla. Se plantea el conocimiento profundo entre saber querer y saber desear, dando vueltas alrededor del sujeto en equívocos, y ambivalencias.

Podríamos concluir, entonces, que la multiplicación de los niveles comunicativos, como en la poesía lírica de todos los tiempos, crea un espacio de percepción abierto, por encima del espacio de percepción real del autor/a. Se instala una suerte de segundo espacio perceptivo al margen de las restricciones espacio-temporales y de las presuposiciones que los receptores tengan de una situación concreta. Al mismo tiempo, los oyentes pueden representarse a sí mismos como parte de dicho acto de lenguaje: del «bésame», o «mírame», o «te quiero». El bolero no es un acto de habla individual, sino la representación de dicho acto. El resultado de esta multiplicación de niveles comunicativos es una repetición sin restricciones, que maximaliza constantemente —con cada nuevo performativo— esos niveles. Se juega con las proyecciones de la imaginación en una cartografía que considera el presente, con su pasado y con el futuro. Es una ciencia ficción amorosa futurista: el siempre nos amaremos y no me olvidarás nunca. Su música, lengua del mundo entero, es también una lengua que delata el secreto de las circunstancias históricas y locales, en la universalidad del deseo y del goce. Combina el arte de la palabra, el arte de los sonidos que compete al oído para aparecer como una especie de monstruo anfibio, medio canto, medio declamación en la inflexión de las palabras, y sus diversos acentos.

*...ojos negros, piel canela*
*que me llegan a desesperar...*

# Mutación, Metamorfosis, Androginia

A<small>L REPETIR ESTOS TEMAS NO HAGO MÁS</small> que tratar un fragmento de las actividades enriquecidas por los «representantes de las palabras» del lenguaje del bolero. Cada texto juega con las leyes de la comunicación para deconstruir los mensajes, para diluirlos. Es un juego creador, y como tal no está restringido a nadie en particular y puede ser disfrutado por todo oyente. En cuanto acto de lenguaje, su realización —quién es el que sufre, quién es usted, quién es el/la culpable, cuál y de quién es la noche de ronda— amplía las dimensiones de espacio y de tiempo, lugares y objetos distantes pueden verse como coexistentes y compartibles. Instala una figura en el fondo de nuestro pensamiento, y se apodera de nuestras propias palabras para crear con ellas imágenes y formas de la extensión del deseo.

El secreto de su reposición ilimitada, de su éxito, radica precisamente en la participación del/la intérprete; en el papel que desempeña la imagen para crear juegos de identificaciones que se establecen entre los oyentes y ciertos personajes ficticios —mujer, tú, ella, amor, hombre, él—. Revela un horizonte de preguntas que el/la cantante, en cuanto productor/a de signos, fusiona. Su función de sujeto activo es establecer los cambios de horizontes. Sobre la base del goce estético/erótico, cada estrato social o cada ideología de grupo, tendrá un comportamiento distinto respecto al texto lírico, en su nueva recepción del modelo fundamental.

El carácter del signo cambia, y es muy posible que el atractivo fundamental del bolero, como texto cultural moderno, resida en que las interpelaciones discursivas se van disponiendo a lo largo de su eje temporal, para poner a prueba las anticipaciones, que excluyen lo que no corresponde al estado emotivo al que el oyente desea referirse. El texto presenta indicios orientados a la percepción del cambio de sujetos sexuales en su androginia esencial. La recepción de la letra en cada nuevo contexto, con cada acto de lenguaje, implica toda una actividad que se desencadena en el sujeto auditor/a, desde el puro entender hasta las múltiples reacciones que suscita el mismo texto. Cada auditor establece una doble conexión: *un acto de comprensión*, que significa una reorganización interior del sujeto, y *un acto de identificación* casi pragmático, factor que condiciona la *lectura* al nivel del oyente.

Se pueden distinguir estas situaciones receptivas, que permiten multiplicar, desdoblar los casos gramaticales. Al mismo tiempo, los registros del texto presentan los estereotipos producidos por el mismo, en un sistema de confirmaciones del horizonte vital. El texto permite la transferencia de la ficción de la fábula en ilusión; un continuo ilusorio de un renovado disfrute como destino. La letra produce una violencia ilusoria en cada oyente, en su repiqueteo en cada nuevo auditorio social.

*Frank Domínguez.*

Un desafío particular son los referentes secretos —el *tú* amorfo, proteico, acuático, andrógino de muchos textos, que permiten que el tú sea hombre o mujer, y que el discurso amoroso sea heterosexual u homosexual, mayoritario o minoritario. En todo caso es un tú oscuro, opaco, prohibido que invita a la cooperación para construir y re-construir las propias fábulas eróticas. Este referente escondido es la base de *Tú me acostumbraste* (de Frank Domínguez, interpretado magistralmente por Olga Guillot), ya dije que cuenta también una historia verdadera. El texto nos sumerge en la acumulación de los signos sexuales en una superficie aparentemente sencilla que pretende sorprender y producir asombro. Lo reproduzco:

*Tú me acostumbraste*
*a todas esas cosas*
*y tú me enseñaste*
*que son maravillosas.*

*Sutil llegaste a mí*
*como la tentación*
*llenando de ansiedad*
*mi corazón.*

*Yo no comprendía*
*cómo se quería*
*en tu mundo raro*
*y por ti aprendí.*

*Por eso me pregunto*
*al ver que me olvidaste*
*por qué no me enseñaste*
*cómo se vive sin ti.*

Cuanto está escondido en ese diálogo entre un *yo* y un *tú* indeterminados se multiplica a través de los deícticos *esas* y el léxico ambiguo: *cosas, tentación, mundo raro.* La pasión velada lo hace comparecer todo a la jurisdicción de algo escondido, prohibido, que se sustrae a la palabra y a la evidencia. Un secreto que se guarda, un proceso ritualizado que actualiza y reactualiza, construye y abole el deseo y el placer. Es una afinidad dual con la estructura del «otro», que marca los juegos de seducción en un discurso amoroso que pretende ser objetivo, pero que revela una riqueza —no expresada— de inflexiones amorosas y de complicidades ocultas. Los interlocutores permanecen secretos en su propio signo. Esta forma de articulación discursiva multiplica los mensajes y los diálogos. El *yo* objeto de la seducción y sujeto del placer termina con una lógica agónica, en un espejo inverso: levanta las apariencias para precipitarlas a su propio fin.

La exclusión de indicios, y el problema del sujeto o «voz» textual son de suma importancia y son centrales en la recomposición del mensaje, así como la presencia o ausencia de estilo directo. Se podrían distinguir dos procesos comunicativos: la voz que habla con alguien (yo/tú) y la que habla *de* alguien —que pueden ser una o más personas— y, por tanto, interviene el carácter singular o plural del objeto del amor: *Nosotros,* «que del amor hicimos / un sol maravilloso / romance tan divino», por ejemplo. Como es de rigor, cuando el objeto es plural, el mensaje se *despersonaliza* y, por tanto, se deconstruye sexualmente. De todo lo anteriormente dicho no debe deducirse que la voz (el emisor) del bolero sea siempre masculina; la modernidad ha mostrado que las mujeres podemos desear y seducir, aunque sólo sea retóricamente.

Al internarnos en los textos no tardamos en tropezarnos en cada una de las palabras con mundos regidos por una sugestiva lógica de proyecciones e identificaciones imaginarias, de pantallas y escenarios internos, de cinematógrafos que nos representan en exclusiva en nuestros amores infelices o nuestras pasiones ardientes y calladas. Materializan estas existencias culturales en tejidos de posibilidades semánticas, de H-mundos posibles del hablante y del oyente.

Estos mundos imaginarios se construyen con la arquitectura del lenguaje, en caligrafías inventadas. Otro deíctico significativo es la distinción temporal, es el presente/pasado a que aluden los hechos. La temática del amor feliz, el amor posesivo o el amor contrariado (los celos), creará la separación temporal, como la separacion espacial. De esto debemos deducir que las unidades de tiempo, lugar y argumento son insoslayables e indivisibles. La expresión para cantar el objeto del amor desde un yo se articula y rearticula: en intercambios de sujeto/objeto. O mejor, el intercambio de sujetos discursivos —uno/una, él/ella— que comparten experiencias, consejos, generalizaciones positivas, dolorosas, escépticas, cínicas, imparciales. La forma es también proteica: narraciones, diálogos implícitos, sentencias, agresiones, el tono hiriente; alguna vez la procacidad en juegos de palabras y eufemismos. El *yin* y el *yan*. El *Sufro mucho tu ausencia* puede convertirse en el cínico

> *Yo siento en el alma*
> *tener que decirte*
> *que mi amor se extingue*
> *como una pavesa*
> *y poquito a poco*
> *se queda sin luz.*

No falta el *amor prohibido;* los parentescos, las correlaciones se dan siempre sobre la subjetividad. En serio o en broma, también el hombre muere de ardores, alejado de la entrega, de la vivencia positiva y lúdica (de *jouissance*).

Placer, gozo, que desde la lírica provenzal también implica sufrimiento: la ausencia, la separación, los celos. El escepticismo o cinismo del desamor llega a burlas hirientes que revelan abiertamente el *machismo*. Se recorre así el concepto del amor de la lírica femenina y el concepto del amor de la poesía cortés: dos discursos en uno, Jano con dos sexos. Al mismo tiempo, hunde sus raíces en la canción folklórica, el mundo de la copla amorosa en su injerto americano. La lírica femenina, ya en la modernidad, dista de ser aquella que describe Marguerite Duras en *Vera Baxter*, cuando las mujeres, hace miles de años, en los bosques bordeados por el Atlántico, esperaban a sus maridos, siempre en la guerra de los señores, en las Cruzadas. Y ellas permanecían durante meses solas en sus cabañas esperándolos. Y así, comenzaron las mujeres a dialogar con los árboles, el mar y los animales del bosque. Todo lector hispánico ha compadecido a la «mal maridada».

La *voluptas* del bolero es ya muy otra; pero el lenguaje persiste. Para complacer/complacerse, se tocan todas las cuerdas, siempre renovadas y remozadas. Como desde siempre, para agradar a un público nuevo, se folkloriza la poesía culta —ya convertida en canon solemne—, se desacraliza la lírica religiosa, se desublima la mística. Todo sobre un fondo de continuidad y discontinuidades, del horizonte de expectativas del público, que permitirá la inflexión de la novedad dentro de la tradición y la norma del código.

De esta manera, los temas del amor imaginado, transferido, prohibido, estéril, se enlazan con el amor propio, los amores complicados (el triángulo amoroso), el mal amor. Óigase a esta luz *Usted es la culpable*. A veces predomina la resignación, la callada espera; otras el estallido de discursos malvados, casi actos de sadismo inaudito que se burlan del deseo (aquí dialoga con el tango). La meta es ablandar el corazón, atacar, en cierto sentido, la vanidad para encender arteramente el deseo, hacerlo surgir y desaparecer, volatilizarlo. Doblegar y transponer las barreras, mediante imágenes idealizantes que proyectan un amor único de extremos y osadías: de vértigos, de eclipses, de escapatorias y de centelleos. Hay, pues, que entregar, compartir, comunicar, jugar con el deseo, en apasionados tonos, rendir a la fascinación, y con tal objetivo se emplean un vocabulario y un lenguaje estructurados sobre las exageraciones, los superlativos, los adverbios de intensidad, el tono panegírico, los títulos o nombres aristocráticos o de estirpe feudal. Toda palabra, todo nombre, tiene una curva secreta, y se acentúan las metáforas bélicas recontextualizadas para expresar la guerra a duelo *sobre* y *por* las experiencias amorosas al organizar el discurso en la relación de fuerza y de poder.

Todo, en suma, se sustrae de la geografía de los sentimientos, las nostalgias punteadas de encuentros mínimos, las consagraciones de las cosas únicas e insustituibles. La ilusión de arrancarlas al fluir del tiempo. La angustia de ese otro universo sin él o sin ella, sin tú, sin ti. Las cosas que este universo evoca es la variada gama de la tradición lírica occidental, en el adorno, el silencio, el juego de los signos, la estrategia de la dispersión infinita, como arte de presencias y ausencias. Hay también formas irreconocibles. La letra y la música, en la voz y sus inflexiones, contiene oculto bajo el misterio de su superficie, el misterio más profundo que corresponde a la lógica de nuestros sueños.

> *Usted es la culpable*
> *de todas mis desdichas*
> *y todos mis quebrantos...*

# La Copulación de la Mirada:

## METAFÍSICA DEL BOLERO
## CON LA CONCUPISCENCIA DE LOS OJOS

S I EL BOLERO DEJA ENTREVER LOS GENEROSOS paraísos de la seducción, el deseo y el amor, no hay castigo por haberse extralimitado. Las posibilidades están ahí, se exhiben en discursos persuasivos; es un metatexto, que descubre el proceso de las contradicciones en el amor, y el cuerpo.

He aludido al cuerpo —velado, escondido, oculto, revelado— y su entronque con la tradición cultural de Occidente. En el espacio donde se mueve el ojo, en constante deseo, hurtando en las lindes del discurso. A veces, en esa distancia donde se instala el ojo se produce la distorsión. Este ojo está en el fondo del discurso atrapando las formas, en referencias iconográficas. Sabido es que desde la cantiga medieval, la fragmentación del cuerpo femenino —ese objeto de deseo— responde a los objetivos de la focalización masculina: boca, cabello, ojos, corresponden a una mirada; objetos parciales, que desvían, distorsionados por el discurso masculino. Los textos nos invitan a «mirar» empleando un complejo cuadro intertextual, que constituye casos de virtuosismo de estilización y ostentación.

*Mira* es palabra clave de este patrimonio léxico. «Mira» proporciona marcas distintivas para seleccionar la audiencia. El verbo «mirar» sugiere la construcción de una multiplicidad de formas; una caja de Pandora que puede proporcionar goces infinitos o tragedias dolorosas. Nada más abierto que ese «mira» manifiesto en la superficie, en el plano de la expresión: «mirarse a los ojos», «mirar el cuerpo», infieren gozar de permisos, reprobar motivos, libertades, amaestramiento, cautiverio. Establece condiciones de felicidad o conflictos, paraísos de cooperación o castigos, códigos secretos sobre el cuerpo.

Los sonidos, la música, la letra inducen al movimiento, a mirar, tocar, sentir, emitir y recibir olores. Todo entra en el sistema comunicativo en movimientos corporales: el lenguaje ritual de los ojos y de las manos. El lenguaje gestual, los estilos de andar, de mirar, movimientos de la cabeza para asentir o disentir, el guiño, gestos de desprecio y de cortesía.

«Mirar» es el universal del lenguaje amoroso. La *copulación de la mirada* en frase de León Hebreo, que culpa a la mirada de celestina del amor: entre los grandes placeres eróticos está el de la vista, le explica con rigores Filón a Sofía, en versión parafraseada del apóstol Juan (II: 15-16), que pone la mirada al servicio de Eros. «Mirar» es toda una prosémica (forma de sentir el espacio según E. T. Hall) que establece un determinado tipo de comunicación dentro del grupo social, y revela las esferas de intimidad.

«Mirar» invita a distancias íntimas, distancias confidenciales, distancias personales, distancias sociales, distancias sexuales, distancias públicas, distancias privadas, fases de acercamiento, fases de distanciamiento. Las variaciones prosémicas corresponden al volumen de la voz, el grado de los gestos, las sensaciones térmicas u olfativas (perfumes, suavidades), la visión y las diferentes variaciones de las partes del cuerpo. «Mírame» invita la mirada del espectador. «La concupiscencia de los ojos» abre camino así para nuestro moderno concepto de *voyerismo*. La mirada es alternativamente microscopio y telescopio de los signos del cuerpo. Cada zona se sexualiza y se fetichiza a partir de una perspectiva estrechamente y predominantemente masculina.

*De esos ojazos negros de un raro fulgor,*
*que me dominan e incitan al amor...*

Para el deseo, cada órgano es una zona erógena posible, la «copulación» con ese órgano —ojo, cabello, boca, dientes— es su finalidad. Cada órgano del cuerpo asegura la producción de fantasmas/fantasías que realicen el deseo. Se colocan recuerdos, y el cuerpo es pensado en dos funciones: lenguaje a espaldas del deseo y como ausencia de negaciones. Ésta es la clave, por ejemplo, de «No te voy a querer, ni te voy a mirar / para que sufras»; o bien «Ven / que yo te prometo / no mirar tus ojos, ni besar tu boca» (Rafael Hernández) o *Sollozo* de Tito Henríquez («El dolor de tenerte»).

El «mira» remite a universos sensoriales, a distancias entre los que hablan, los olores, el tacto, la percepción de calor, el sentimiento de soledad, la no comunicación. Distancias de fuga o esferas visuales de los cuerpos. La iconografía literaria del cuerpo de la mujer es una superficie creada y re-creada por la mirada masculina, un icono susceptible siempre de valoraciones y esferas de intimidad y sociabilidad. Pero, justamente, tal vez, por un proceso de inversión, esta focalización convierte a la mujer en sujeto activo, protagonista activo, puesto que a través de la mujer, y sólo a través de ella, el hombre percibe su «otredad». El tú del bolero —mujer amante, hombre amante en cualquier situación de preferencia sexual— implica recobrar el rumor semántico de una presencia y conciencia real. La mirada, el ojo, determinan el acercamiento al deseo. El sujeto se descubre armado con toda la fuerza del sujeto mediante la mirada. A los ojos se debe la seducción; describen el universo que va de las formas puras hasta la diferencia de una forma diferenciada. La mirada es la forma dual de la seducción, que crea la figura individual del sujeto preso en su propio deseo en busca de su imagen. La mirada de la seducción es misteriosa. De una figura a otra, de ojos que se miran, es la dimensión que nos recobra María Grever, en *Así*:

> *¿Por qué al mirarme en tus ojos*
> *sueños tan bellos me forjaría?*
> *Mira, mírame mil veces más.*

Lo que era seducción termina en solicitud. Deseo como solicitud: algo como seдúceme, ámame, responde a mi deseo. La variedad de experiencias subjetivas que el bolero canta me impiden categorizaciones y generalizaciones sobre la representación del sujeto femenino como ente autónomo del hombre, y sobre cómo la dependencia limita la subjetividad femenina a una sola facultad humana: el cuerpo en su plenitud de sexualidad. Al margen pues, de otros campos de experiencia, de eso que la escuela lacaniana llama «el orden simbólico» —familia, lenguaje, sociedad—, la dimensión subjetiva del bolero se crea en un juego seductor entre la alienación y la identidad. Cada *yo* se percibe en su exterioridad y en su interior. Pone de manifiesto la necesidad absoluta de cada sujeto de ser reconocido por otro sujeto, de ser percibido como sujeto en diálogo: *mírame, compréndeme, escúchame, miénteme, no me mientas, no me mires, caminemos.*

El amante «invita», «ordena», «exige», «ruega» en un juego de intercambio e identidades en respuestas siempre ambiguas. Nunca habrá la certeza absoluta sobre la naturaleza profunda del reconocimiento de los sujetos: el otro/a puede mentir y el sujeto jamás podrá estar totalmente seguro/a de sus propias señas de identidad. El olvido, el abandono, la ausencia se proyectan en noches oscuras

del alma: *Quejas del alma* (del doctor Jaime Reteguis y éxito de Gilberto Monroig), expresa el desvelo de la pasión insomne: «Noche, fiel compañera de mi amor / sabe de las torturas de mi mal». La metafísica del bolero, a través de escalamientos mediante el cuerpo y el intercambio de sujetos, forma parte de lo que hoy podríamos llamar «economía libidinal», las diferencias mediante las cuales se organiza la energía, y las diferencias que marcan las formas en que el placer se siente. El bolero libera el cuerpo y libera el deseo; no es su nostalgia.

*Te me vas, te me vas de la vida*

No es ciertamente un férreo código amoroso/cortés que exija la sublimación del deseo libidinal, si se articula a través de «copulación de la mirada», de la «concupiscencia de los ojos». No es su objetivo una estructura psicológica fundada en la renuncia del deseo, ni en la carencia. Todo lo contrario. En la búsqueda del deseo y de la pasión amorosa *eterna, definitiva, única*, esta lírica moderna incorpora y se entrecruza con el concepto del honor clásico. Los textos moralizan, idealizan, espiritualizan, polemizan e ironizan a partir de ese ideal amoroso, que se re-traduce en nuevas modificaciones y redistribuciones de poder y de clases sociales. «Santas» y «pecadoras», «muñecas», «venus», «caballeros» y «señores», todas las clases y razas; la pasión amorosa dista de ser privilegio de clase o de preferencias sexuales. Mediante modificaciones incesantes, de desplazamientos continuos, el amor cortés de la tradición se reparte en inversiones de la norma social, penetra el universo, se democratiza, se desinstitucionaliza y se reinstaura para el placer. El mundo de cortesías, de héroes y heroínas, de damas y caballeros significa en el bolero una especie de iniciación o reeducación sentimental que invita a no renunciar a los placeres ni a la experiencia personal del cuerpo.

Se nutre de una tradición y de su lenguaje y símbolos concretos, sensoriales, evocativos e implícitos para inscribir la pasión real y la seducción del cuerpo. Agustín Lara, sin duda, fue uno de los maestros de estas impiedades y enlaces: *Lágrimas de sangre* («Con lágrimas de sangre») o *Mujer* («mujer divina / tienes el veneno que fascina en tu mirar»). Ninguna estrategia podría asegurar tales efectos si no se apoyara en una tradición —el amor cortesano— que le sirve de soporte, de polémica y de punto de anclaje. Lara toca la cuerda de la *femme fatale* del modernismo y del cine negro posterior: la traumática mujer que, a causa de sus demandas caprichosas, arruina al hombre: la odia y la ama. Ecos de Baudelaire, de los cuentos de Poe modulan la voz de Agustín Lara (o de su hermana, que muchas veces escribió las letras de los boleros): reconocemos en su voz palabras ya conocidas.

Son estrategias y tácticas que vuelven a admitir el discurso amoroso de la cultura escrita, donde idénticas palabras y lenguaje toman significados renovados y definidos a partir de las funciones inventadas para satisfacer el deseo. Son reposiciones de las iniciativas sexuales, donde el discurso femenino se activa y la mujer adquiere derecho a dar el primer paso, a realizar sus exigencias, a escoger, y no aceptar pasivamente un discurso limitador, ni un código que impone la pasividad, la prohibición, el confina-

miento y aislamiento de la clausura en la vida privada. Se introduce una vez más toda una gama de sentimientos: los celos, la rivalidad. *De mujer a mujer* es ejemplo privilegiado (si bien proyecta la «fantasía» masculina de los celos femeninos). Oigámosla en la voz espiral de Toña la Negra:

> *De mujer a mujer*
> *lo lucharemos*
> *a ver quién vence*
> *y así se queda*
> *con su dulce querer.*

Cantada por Toña la Negra, proyecta también una concepción distinta y activa de la mujer; sirve como dispositivo para la auto-conciencia, la desalienación del discurso sobre el propio cuerpo que imponen los poderes religiosos y jurídicos.

A la luz de este desafío, el discurso amoroso del bolero puede ser a la vez instrumento y efecto de un nuevo poder, punto de resistencia y de partida que mina, expone y hace más tolerante lo que fue negado: el deseo.

Tendríamos que concluir que el bolero, en cuanto discurso amoroso y juego de seducción, aporta un *saber* (y otra vez remito a Foucault). En este juego de los cuerpos, permite el encuentro entre dos personas que aspiran a convertirse en sujetos unidos por una reciprocidad, en el sentido pleno de estos términos. Privilegia la posición del sujeto en su recorrido de letras y melodías de todas las formas circundantes; el sujeto desea y el sujeto seduce. Todo parte del sujeto y todo vuelve a él, de la misma manera que la seducción parte del deseo. Las posiciones se invierten. Se juega con la presencia y la ausencia del deseo, se seduce por la ausencia de deseo, se representa en otros la ausencia de deseos, se provoca el deseo, se lo exalta, se lo privilegia. Ésas son, en definitiva, las peripecias de la liberación del placer: la demanda de deseo, nunca el amor o el placer en sí mismos. Es un discurso anti-hedonista, un Eco sin Narciso; detrás del imperativo y del indicativo se esconde el *seductivo*.

En un acto de reapropiación discursiva, lectores(as), oyentes, en dobles espirales, en virajes hacia la esfera del signo, a la sombra de la seducción y el deseo, adquieren pasiones y emociones sobrehumanas. La obra del deseo resulta en presencias figurales. El bolero trabaja como el sueño. Viola la realidad y permite realizar lo imaginario, no cesa de fabricar estas densidades. ¿Evasión, acaso? ¿La resignación ante una sociedad y unos productos culturales administrados y filtrados para crear ilusiones sociales en el seno de la sociedad capitalista? ¿O no sería más bien —al bolero me refiero— la fascinación de la seducción y el deseo, que asume este desplazamiento de confesiones y secretos y demandas al dominio de lo imaginario, efímero, en cualquier caso, pero asombroso en las fluctuaciones de ilusión, representación y realidad?

El espacio comunicativo —el discurso amoroso del bolero, propiamente dicho— es la puesta en escena del individuo, en su búsqueda de la alteridad, lo otro, el otro, la otra, en un reparto social de la seducción, el deseo y el placer. ¿Cabe imaginar cimiento más fantástico? El auditor y la oidora son en cierto modo cómplices de este mundo regido por el *amor*. Potencialmente todos somos héroes y heroínas en este universo de solicitación incesante a una respuesta en otra voz.

Fantasía —en definición de Freud, «fachada del sueño»— refugiada en medio de las palabras, en deslizamientos. La existencia del espacio de lo imaginario y la fantasía es lo que permite constituir lo visible, en tanto que *perdido*, incluso; permite tocar al otro, a la otra a distancia, sin tenerlo(a). Las palabras sostienen la ausencia, la redoblan y la sitúan en el campo del deseo, más que de la nostalgia. El otro, la otra, ausente, perdido(a) son figuras en el campo imaginario, donde se perpetúan y consuman los deseos. El lenguaje ordinario y el lenguaje poético están allí llenos de figuras que transfieren las propiedades de lo ausente. Lo visible y lo invisible, lo presente y lo ausente, pasan más allá de lo sensible, como las alucinaciones. Dependen de repercusiones sentidas en el cuerpo: metáforas, imágenes, tropos reaniman el volumen propio del cuerpo y despiertan varios campos sensoriales: las sinestesias, las correspondencias (claves de la poética moderna). A veces el otro es la imagen trabajada de un objeto perdido, otras el que sacia su complementariedad. Los registros de imágenes se mantienen abiertos a su otro, permiten una representación en donde nuestro deseo puede realizarse, una representación que lo devuelve reflejado.

Sinestesias, correspondencias, lenguaje poético, lenguaje cotidiano, metatexto, obra abierta, metafísica, concupiscencia, prosémica; en suma, bolero *città aperta* del modernismo. La eficacia de la seducción depende de la capacidad del «trabajo del sueño» (que diría Freud), del poder que tiene el significante de ampliar el significado a las dimensiones de lo imaginario, en repercusiones que despiertan varios campos sensoriales. La «representación» de la mujer viene inscrita en un cuerpo bien pulimentado de metáforas desde el petrarquismo y aun antes —*hada, princesa, muñeca, diosa, venus, señora, santa*—. En intercambios siempre

frágiles, que no permanecen en un solo enunciado y van cargadas de formas que conservan su enigma.

Desde esta «concupiscencia de los ojos» y esta prosémica de las distancias como comunicación, y en gradaciones connaturales, en el lugar del sentido flotan las licencias sobre la calidad de los *ojos* —verdes, azules, negros—; el *cabello* —rubio, negro, en bucles o liso—; la *piel* —blanca, morena, piel de ángel, piel canela—. A veces, el discurso puede representar un complicadísimo sistema retórico: *Perfume de gardenias* (1936), del puertorriqueño Rafael Hernández, es el mejor ejemplo. La amada es sucesivamente *risa loca* (imagen corriente en el tango desde la Eulalia dariana), pero *virginal belleza, místico candor*. La polisemia de *virginal* es ley de selección, que revela relaciones intersemióticas e intertextuales, y forma parte del arsenal de las estrategias modernistas. Las imágenes se desplazan de la escritura a la pintura y a la escultura, en un refinadísimo sistema ecfrástico que dialoga con la Venus Citerea dariana:

> *Tu cuerpo es una copia*
> *de Venus de Citeres*
> *que envidian las mujeres*
> *cuando te ven pasar.*

Citeres, Citere... puede resumirse como la historia de un malentendido, o de una alteración e innovación dariana-modernista; es una repetición en dialecto de nuestro tiempo de la Venus de *Citera*, una isla griega, situada entre el Peloponeso y Creta. Allí existió un santuario a Afrodita Anadiomede, que atestiguaba la aparición de la diosa surgiendo de las aguas. En lenguaje poético, Citera se convirtió en la isla encantada, patria alegórica de los Amores. El bolerista reacentúa en entonación de *oralidad* un refinadísimo cultismo, del dialecto ornamental de los simbolistas franceses. Respetaremos la grafía del bolero...

Semejante signo moderno arquitectura el código amoroso de los títulos modernistas de Agustín Lara: *Señora tentación, Enamorada, Mujer*. En el último bolero, la mujer es *divina*, tiene *veneno* en el mirar, es *alabastrina*, con vibración de *sonatina* pasional:

> *Tienes el perfume de un naranjo en flor*
> *El altivo porte de una majestad*
> *Sabes de los filtros que hay en el amor*
> *Tienes el hechizo de la liviandad.*

Desde la enumeración de atributos de *Las flores del mal* baudelerianas, y la Niña Chole valleinclanesca (tan modernista), pocas veces se ha reunido en un solo cuerpo tal profusión de signos.

*Mujer... si puedes tú con Dios hablar...*

Paréntesis festivo no para ser llorado, puesto que este *saber* depende de la voz (la oralidad), muchas veces las variantes de los intérpretes cambian en su totalidad las letras, o el género sexual de los pronombres, o los tiempos verbales para actualizar la fábula. Los cambios son innumerables. En cierta medida, estas transmutaciones sexuales y léxicas ponen al descubierto que el texto del bolero (letra y música) es *obra abierta* al tiempo, el espacio y los sujetos actores del drama. Alguna canción de María Grever adopta un «yo» lírico hablante masculino; en alguna de Guty Cárdenas (*Ojos tristes*) la intérprete femenina describe unos ojos «como de niño, de santo». En la tan mencionada *Peregrina* se ha llegado a crear la siguiente variante: «y la nieve *tropical»*, que desafía las leyes climatológicas de la naturaleza, en lugar de la versión correcta: «la nieve virginal». No es ejemplo único.

En otros casos, el preciosismo modernista produce híbridos muy curiosos. En el bolero *Azabache* (de Plácido Acevedo y repertorio de Los Panchos) el fetichismo se concentra en la cabellera, fundiendo *negro* azabache y *blonda cabellera:*

> *En el negro azabache*
> *de tu blonda cabellera.*

Parece un desesperado optativo de lujurias. Si la transcripción es fidedigna (texto «autorizado»), el escritor debe de haberse sentido atraído por el prestigio de las palabras «poéticas», sin prestarle mucha atención al significado.

Bien, azabache o blonda, la mujer es: miel, rosa en botón, romántica, sortilegio. Cuando no, como en *Señora tentación,* tiene la palidez de la magnolia, frívolo mirar

> *Romántica mujer, si fueras mi expiación*
> *Quisiera tu sonrisa, ceniza de ilusión*
> *Quisiera el sortilegio*
> *De tus verdes ojazos*
> *Y el nudo de tus brazos*
> *Señora tentación.*

Más evidente aún es el discurso modernista de *Las perlas de tu boca,* de Eliseo Grenet: perlas, peluche rojo todo en endecasílabos que cantan a la dama, mientras el caballero se rinde a sus pies:

> *Quiero verlas cómo chocan con tu risa*
> *Quiero verlas alegrar con ansias locas*
> *Para luego arrodillarme ante tu boca*
> *Y pedirte de limosna una sonrisa.*

Este mismo lenguaje modernista descifrado estructura *Nocturnal* (José Mojica/J. Sabré Marroquí). La «nocturnal» es la pasión insomne del *yo*, que en «trabajo del sueño» inventa la amada y recompone sus signos. El tema eterno en pro y en contra de la mujer se re-codifica constantemente: a veces se crean situaciones —dentro del juego de seducción— simétricas, y el nivel de *saber* amoroso/erótico en cuanto arqueología de los sentimientos pasa a un primer plano. Este *saber* y su cuerpo son el objeto de la observación por medio de una imagen real proyectada por la lente cinematográfica de la imaginación. El arte del bolero es el de persuadir con las imágenes.

Desde el interior de este sistema, a veces se marcan otras distancias; la referencia es objetiva, pero la significación subjetiva. El enunciado despierta otras representaciones; tal *Angelitos negros* (1946), texto del poeta venezolano Andrés Eloy Blanco, cuyo argumento no es la relación amorosa, sino un planteamiento racial. El «trabajo del sueño» aquí opera una mitología de la razón utópica, engarzada en la igualdad.

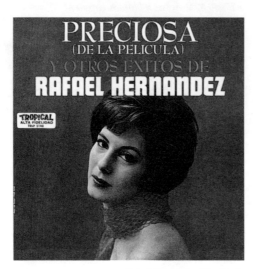

*Rafael Hernández* (Preciosa).

En cálculo reciente de Malavet Vega (1983), los temas del bolero serían los siguientes, en orden taxonómico: el amor, la amistad, la soledad, la infidelidad, los celos. Dentro de este universo, natural- mente que el contexto es indicador del espacio social: copas, cantinas, la calle, espacios todos envueltos en las sombras de la noche bohemia. La noche (como en el tango y la novela modernista) permite la creación, re-creación y alucinación de imágenes. Este discurso popular no le va a la zaga a Bécquer, ni a la mejor poesía romántica (europea y americana) del siglo XIX. Esta operación es paradigmática en el *spleen* de Lara: *Noche de ronda* («que triste pasa por mi balcón»), pone al descubierto la combinación y el equilibrio perfectos. La noche permite la interrogación de las alucinaciones y las fantasías, pero también encubre las transgresiones, hace opacas las verdades. Si la noche es la hora en que despiertan los vampiros, la noche del bolero disimula el deseo bajo las apariencias y reabsorbe las discordancias entre verdad/ilusión.

Si el bolero nace con el modernismo, además de sus sobrecodificados lugares comunes y de sus virtuosismos intertextuales y culturales, adopta en ciertas circunstancias las estrategias sociales de la modernidad naciente y su mensaje emancipador. Se satisface por la imaginación el deseo de libertad en la reescritura de un sujeto histórico reinventado. El discurso del cuerpo-isla es el tema de *Preciosa*, de Rafael Hernández, que articula este «saber» en una visión de plenitud sensorial de la isla no independiente:

> *Yo sé lo que son los encantos*
> *Oh tierra de mi amor*
> *De mi Borinquen hermosa*
>
> *Mi perfumada flor [...]*
> *No importa el tirano te trate*
> *con negra maldad.*
> *Preciosa serás sin bandera, sin lauros, ni gloria*
> *Precioso, preciosa, te llaman los hijos de la Libertad.*

*Bello amanecer* de Tito Henríquez responde a este mismo sentimiento sensorial, que forma parte de la cartografía de los poetas de liberación en las Antillas (Aimée Césaire, Nicolás Guillén, Palés Matos, Julia de Burgos). El argumento insular forma parte de este discurso de formación moderna. Semejante signo persigue Bobby Capó en *Soñando con Puerto Rico*.

El mundo imaginario se estructura también a través de fantasías sobre cárceles, puertos, guerras (frecuente durante la II Guerra Mundial y la Guerra de Corea). Ésta es la disposición de buena parte de los boleros del puertorriqueño Daniel Santos, que en *Despedida* (Pedro Flores) reúne en un mismo punto los diversos signos:

*Vengo a decirle adiós a los muchachos*
*porque pronto me voy para la guerra*
*y aunque voy a pelear en otras tierras*
*voy a salvar mi derecho, mi patria y mi fe.*

El bolero, en diálogo con los famosos tangos *Adiós muchachos* y *Silencio en la noche* —interpretados por Gardel—, condensa la patria, la guerra, la fe, la amada, la madre y la amistad casi en la misma organización del discurso mítico.

Conforme al principio de realidad de lo imaginario, del «trabajo del sueño», se volatilizan el bien y el mal, lo falso y lo verdadero, las grandes distinciones inútiles para descifrar el mundo. El bolero *no* seduce mediante signos distintos y plenos, sino en los arbitrarios, los fortuitos; la superficie de la apariencia está en las fuerzas enigmáticas. El peligro que corremos no es la carencia, sino el abismo del sentido que desborda. Su discurso desplazado, recuperado, derivado, ceremonial quizá, es lo contrario de las sociedades actuales que, a fuerza de consumo, reproducciones, simulacros y simulaciones desembocan en el exceso de sentidos y de visibilidad; lo que Jean Baudrillard llamaría el éxtasis de la comunicación, el simulacro fantasmático.

Cuerpo moderno, la metafísica del bolero, su copulación de la mirada, radica en el espacio de la fantasía, el discurso de la alteridad y el espejo de la identificación. Las palabras… suaves… lentas… interpelan. «Sufrir», «te amaré toda la vida», «no me digas adiós», «te llegará mi olvido», «temeridad», «triunfamos», «ternura», «solamente una vez», «un imposible amor», «tú me haces falta», «un viejo amor» —ese que no se olvida ni se deja— y volver a querer, caminando por la vereda tropical, mirando ojos, mirando al mar…

*y mis brazos se tienden hambrientos…*

y concluyo de trazar las líneas de esta concupiscencia. La educación sentimental que supone esta música en sus lugares de origen —las islas de Cuba y Puerto Rico y México— moldean las relaciones amorosas, y conmueven, elevando el alma y haciéndola avergonzarse de la ruindad cotidiana. Esta insurrección romántica en clave popular y con ritmo abrió las compuertas para cantar las penas o los placeres del amor, en un minibanquete de a dos, donde lo imposible se mezcla con lo real. Al mismo tiempo se comunican fragmentos de discursos culturales, formas de vivir el cuerpo, y los sentidos y los sentimientos. La presencia de lo gozoso concreta y condensa a su vez el lugar de la cercanía, la fidelidad al origen que retiene lo más gozoso como en día de fiesta. La música popular se vuelve a los lenguajes recibidos, los convoca para crear la imagen del otro, acercarla o alejarla para siempre, tan pronto en felicidad excesiva cuanto expulsando la imagen por haberse confundido con ella. Todo un universo de música y ritmos se puede relacionar con las identidades y las emociones, desde las suaves melodías que narran las historias del corazón vulnerado, a la repercusión de las secuencias en el movimiento y ritmo de la música carnavalizada y paródica. Es un cuerpo cantado con resplandores; el cuerpo amante y el cuerpo amado, lírico concierto de voces, de signos, de señales: el color y la suavidad de la piel («piel canela que me llegan a desesperar»), la belleza de las manos o el movimiento de las manos y los brazos que abrazan («y mis brazos se tienden hambrientos»), los ojos (que se besan, se miran, se recuerdan), el rostro que expresa gestos, la ropa, el silencio. Se auscultan todos los estados del corazón, sus emociones, sus transformaciones (los celos, las dudas, la confianza, la pasión, el odio, las ternuras), todo se marca sobre el cuerpo.

El cuerpo está saturado de signos, gestos y miradas; toda una mántica o ciencia de la adivinación descifra los signos del cuerpo amado, y se juega con todos los atractivos: los gestos, las sonrisas, las lágrimas, y todos los detalles —las caricias, los perfumes (como el de gardenias), los juegos, los sobreentendidos que dan la textura del cuerpo y de la relación amorosa. El cuerpo que canta el bolero está habitado por una voz, el sentimiento es el inquilino único del cuerpo amante; y los ojos encierran el espacio para mirarse frente a frente, una presencia especular y lírica.

Todos estos signos —manos, ojo, boca, brazos— responden al recortado selectivo fetichista que la mirada opera sobre el cuerpo deseado, y enfatiza y exalta un elemento, la parte por el todo signo único que se erige como sustituto, como *ersatz* del cuerpo. Y éstos son los ojos, a los cuales se les pide complicidad, es decir, adhesión al gran complot de la seducción. El bolero hechiza, o busca seducir, coger al otro en la trampa de su propio deseo. En el espacio de una mirada, se rodea el deseo, se anuda. El bolero es una escritura mediante la cual el cuerpo deja su rastro en el lenguaje. Rastro de una historia que sella los rasgos reiterados del goce cuando se cantan los privilegios de Eros y no las angustias: «Es la historia de un amor, como no hay otro igual...». Amaremos, pues, la totalidad que desborda en ascensión entusiasta hacia la unión suprema. El amor aquí es tendencia hacia la síntesis.

En el camino del deseo, el cuerpo es zona ambivalente que se dibuja a la sombra de la oscuridad de la noche. Lo que querría subrayar es que con la música popular se le abre espacio al juego erótico, en figuras que entremezclan el valor estético del cuerpo con la naturaleza corporal del lenguaje. La música que canta los amores únicos nos habla del valor de lo transitorio (como el amor) y lo fugitivo (el deseo). Son iconos del cuerpo, flotantes siempre, que aseguran asociaciones nómadas mediante cadenas metafóricas y metonímicas del mundo de las emociones, de la sexualidad y de los sentimientos y sensaciones Esta lengua amatoria suspende el valor mismo y hace una llamada al imperio del deseo, a la presencia luminosa de la perfecta pareja de enamorados: amor-unión para siempre.

La primera consecuencia es que la letra conjura la economía simbólica mediante signos tópicos. La música y el baile dibujan figuraciones del cuerpo y del amor, son imágenes retóricas volatilizadas. El bolerista arrastra un alma de caballero a través de los nuevos caminos que abre la modernidad industrial: el discurso amatorio del bolero se recompone en la memoria; en este espacio se le da expansión a la celebración lírica que asegura el delirio amoroso. El bolero modernista es nostalgia del amor cortés en el orden de la fantasía y la sublimación. No es ya la mujer sino un referente intertextual, sea la Venus de Milo, la de Citere, la Señora Tentación o la Muñequita Linda. No está, pues, fuera del texto, sino que conserva las huellas culturales, los trazos, en relaciones diferentes que pueden identificarse con los arquetipos fetichistas del cuerpo de la mujer nacidos con el modernismo. Esta nostalgia de la pasión amorosa es la base de su filón romántico; estamos ante la dinámica indisociable del alma atormentada y la subjetividad desgarrada que el romanticismo unifica para alcanzar la apoteosis del alma conducida por el amor. «Canto a Teresa» y las evanescentes rimas becquerianas comparten este desfile de celebraciones líricas del amor y su mántica. Las asociaciones erráticas, los recuerdos personales, perturban la atención hasta desviar el sentido de los textos. Sentimentalidad e inhibición, extrema facilidad para la entrega o extrema resistencia a la seducción configuran la aventura amorosa. En la Cuba finisecular se fueron ajustando el danzón y el bolero en conjuración de ritmos; este tejido de resonancias se transformó en embriaguez de placeres en manos de Agustín Lara, que lo introdujo en las salas de baile hacia 1930. Esta convergencia de gozo lírico y movimiento de danza que hizo al bolero bailable prueba el sentimiento de plenitud que quiere restablecer el contacto entre la finalidad del amor descortés y la de los galantes  trovadores de antaño. También revela su ascendencia liberadora como germen del desorden al entrelazarse con el danzón y el son, textos de picardías y procacidades. A veces, el danzón aus aus el lenguaje con los fragmentos del deseo, y reestructura al enamorado: *Sabrá Dios* «si tú me quieres o me engañas...», en que el enamorado se pierde en la duda y los celos, ama en la desesperación que supone romper en sollozos, asfixiado por el dolor. La presencia del tercero o la tercera, el miedo a la preferencia por otro u otra se sufre infinitas veces, sin paliativos: por la pasión misma, por sentirla, por herir al otro, y por sucumbir a la duda. El celoso del bolero sufre, por ser loco, por ser excluido, sobre todo, por no ocupar el lugar central y único: el celoso es Narciso y Eco. La digresión me permitió recordar un danzón que también se canta como bolero... y es también arena para la galantería.

Pero en este amor romántico, amar equivale a sufrir, a ser heridos, a estar lacerados, pero en temblorosa espera de la consumación del deseo. Amar se corresponde con cerrar los ojos al mundo, a ser prisioneros en la jaula de los abrazos, a entregarse totalmente a la feliz certeza de los absolutos. Y es aquí donde podemos convenir que no hay presencia sin ausencia o disimulo, paradoja del discurso amoroso. Si a Freud, posromántico y moderno, se le ocurrió hacer del amor una terapia, es decir, analizar la confusión que el amor revela en el discurso, con su secuela de errores, de engaños y de alucinaciones hasta los dolores físicos para reimplantar la realidad, a los boleristas les mueve lo inverso: implantar la fantasía. Cada texto aspira a avivar la pasión y enviar palabras de amor al oído para echarle leña al fuego amoroso. Se condensan y desplazan cargas libidinales, en una economía que favorece la oralidad, la vocalización, la aliteración, la rítmica, el calentón.

Se comprende que, desde Platón, el estado amoroso se conciba como una dinámica desconcertante; el amor es el lugar privilegiado de la pasión por los signos. Lo que llega hasta la música popular son las grandes ideas y los grandes mitos de Occidente, aquellos que la han fascinado. En el bolero se inserta una historia de la subjetividad y de los dramas individuales que exponen su experiencia amorosa en compleja gama dispuesta a tocar lo imposible. Como aquel *Historia*

*Carlos Almarán.*

*de un amor,* de nuestro amigo Carlos Almarán, que presupone la unicidad, un mundo edénico donde los amantes nacen y renacen, y son cuerpos inocentes que se descubren y desnudan sus emociones. Este universo de fragmentos de amor, cantos de cisne del deseo, castillos en el aire, placeres soñados, esperanzas y ansias de posesión, también se contamina y se mortifica con la angustia y los celos, que le sirven de juntura. No caben —en estos amores únicos— ni el pasado, ni la experiencia anterior, sino como incitación a los celos, a la impotencia de no poseerlo todo, al desespero de no ser único o única. El mayor fracaso es que cada amante tenga su propia historia de amor: «Quiero que vivas sólo para mí, / y que tú vayas por donde yo voy / para que mi alma sea no más de ti» es el frenesí del loco amor que embarga a los Grisóstomos, que se apartan del mundo para desesperar sus desventuras.

Y debemos entonces relacionar todo este espacio con el repertorio de valores de la modernidad, y esta lengua amatoria como afirmación de valor-emoción frente al valor-interés de la existencia prosaica. Es necesario, entonces, ligar esta música a la historia de la subjetividad en los últimos cien años. No se la puede concebir sin los espacios públicos, la experiencia cotidiana, la lengua de la ciudad, los ritmos ciudadanos y el desarrollo de las grandes urbes a final de siglo. Son textos culturales que nos revelan la historia de los sentidos y la genealogía ética y moral de cada cultura. Al mismo tiempo, son prueba palpable de que no vivimos nuestros cuerpos y nuestros sentidos de la misma manera.

Pero el mundo amoroso del bolero se debe relacionar con otras expresiones nacidas por entonces: el tango, el fado, el jazz y el blues. En realidad, está contaminado por el blues, que se re-acentúa en Cuba a partir de 1895, permitiendo el reforzamiento de elementos heterogéneos —lo europeo, lo africano y lo americano. Celebra, como el blues, el *ars amandi* y las experiencias de la población negra, mulata y mestiza. El mundo amatorio del bolero se apoya en las homologías (como todo discurso amoroso) y desplaza un espejo en el que se reproduce una estructura dual: tú, yo. Si volvemos a la letra de los boleros conocidos desde la década de 1915-1920, las princesas y otros personajes de la fauna y flora modernista, tal los cisnes, *ersatz* de la mujer desnuda, apenas encubren la referencia erótica. Una lectura semiótica de los boleros clásicos —*Bésame mucho, Lágrimas negras, Perfidia*— permiten perseguir las mutaciones del signo en la modernidad capitalista, y captar los deslizamientos que lleva cada signo por otros recorridos, serpenteando por los iconos culturales como sabiduría de ambivalencias. El discurso cantado y bailado moviliza todo saber —el cuerpo de la mujer, el del arlequín y el de las figuras mitológicas reconocibles—, que se esfuman, se borran, se transmaterializan mediante ambigüedades sexuales y tensiones, al tiempo que contribuyen a fundamentar los valores.

Y cabe entonces recordar que la mayoría de los compositores musicales se auxilió en los primeros años de los poetas modernistas reconocidos —Rubén Darío, Pedro Mata, Andrés Eloy Blanco, Amado Nervo—. El que los primeros coreutas del amor fueran estos poetas, nos impone una escena: imaginemos un teatro de revista, carpa, teatro de variedades, centro nocturno, cantina, casino, casa de citas y burdel como terreno y modo de relación meditada con los ríos y fuentes modernistas, con las torres de dios que escribían Amor, Poesía, Alma, Eros y Psiquis con mayúscula. ¿Qué pensarían Darío y Nervo al escucharse en ritmo y música bailable? Lo cierto es que se escucharon las sutiles historias de amor en todas partes, desde los más humildes espacios a los más burgueses salones de la «gente bien». Los sitios populacheros y los teatros serios escucharon las modulaciones de la subjetividad lírica y la reflexión sobre la primera persona poética. Hacia 1947, desaparece el lenguaje predicativo de la poesía lírico-erótica modernista y la imagen de la mujer como tropo volatilizado, que la convierte en referente literario, cuando comienzan a cantarse en los micrófonos de la radio XEX en México *La última noche, Aventurera, Pervertida, Pecadora, Frío en el alma* y *Toda una vida*. La así llamada influencia perniciosa de Agustín Lara hizo brotar pudibundeces de algunos moralistas: el poeta y escritor mexicano José Luis Velasco escribió que los boleros de Lara eran morbosos, y sus canciones «asfódelos que exhalan emanaciones tóxicas para que se embriaguen las criadas, gente de vecindad y las doncellitas a medias de quinto patio».

Pues bien, heridos de amor, ahogados en lágrimas por la pérfida mujer, los cantantes y las divas hacían bailar de-a-cachetito al público selecto, también los nocheros de la clase trabajadora bailaban los boleros de Lara —de novedosa y cachonda letra— unas veces muy arrimados (o sobaditos), otras a prudente distancia, que todo depende de con quién y para qué se baila. La geografía sólo indica que el bolero alegraba corazones compungidos con temas de despecho o decepción. En todos los casos han sido (y son) formas elípticas de declarar el amor, afianzarlo o despedirlo.

> *¿Con quién está?*
> *Dile que la quiero,*
> *dile que me muero de tanto esperar,*
> *que vuelva ya…*

# Cuando toda Historia Verdadera Llega a su Final

## Y DE CÓMO LE DAMOS FIN A LA HISTORIA

AQUELLA INVENTIVA DE BAUDELAIRE QUE se alimentaba de melancolía se convierte en lírica popular con ritmo. No se trata de un impulso localizable. El bolero extrae su fuerza del aspecto figurativo de la pasión amorosa. Es el texto cultural de las relaciones amorosas de la modernidad hispanoamericana, y pertenece a una refinada tradición presidida por el Modernismo. Forman parte de la máquina de la cultura, desde las cuales también se manipulan creencias, ideologías, falsas conciencias, y desarrollan opiniones contradictorias sobre la seducción y el juego amoroso. Produce y circula relaciones de amor, en discursos persuasivos, pero al mismo tiempo posee la capacidad de reflexionar al crear ambigüedades en la expresión; nos induce a revisar el universo completo de relaciones amorosas. En su cuerpo de signos conviven el deseo con lo figural.

Los amores únicos se van transmutando con el tiempo: con la aparición de Los Panchos, se habían transformado en locura. El bolero reclama el derecho a soñar, y va transformando su carga retórica manteniendo al mismo tiempo relación con el pasado. Todo el caudal de mensajes que nos transmite esta música es justamente la importancia de los actos de palabra y su retículo de conexiones con la sexualidad y el erotismo. Se canta el deseo que aparece en el cuerpo y en el alma como cadena única.

La canción popular actual, de la cual el bolero forma parte, se transforma naturalmente en las nuevas sociedades actuales americanas. Los ritmos continúan, pero el léxico y la temática y las iconografías se recodifican. A veces el discurso del bolero se desintegra por autoplagio, al repetirse a sí mismo y repetirse en espejos en un proceso de expresión y acumulación de sí mismo. El espejo de la reproducción incluso resucita artificialmente el pasado, disfrazándolo. Muchos boleros —después de la década de 1950— son espejos invertidos que ofrecen respuestas muertas y circulares a preguntas circulares y muertas. El cálculo de éxito, modernidad y prestigio lleva al fetichismo, a los mensajes leídos o escuchados según un esquema ya prescrito. En su edad áurea, el bolero es la historia de un amor para siempre, al estilo de la época; un amor que no se olvida, que vuelve y retoma rostro y voz. Una historia de amor único, irrepetible; del viejo amor que «no se deja», del viejo amor «que nunca dice adiós». Signo de esta totalización aún poderosa, la esquela a la muerte de un pianista cubano en un periódico sueco en 1971, que reproducía como discurso de despedida la letra de *Bésame mucho* (le debo este dato a la liberalidad de Camilo José Cela).

Pero la posibilidad de escenificar la ilusión y de seducir ha tomado otros rumbos. En cuanto proceso histórico y en su contenido social, durante la década de 1960 en adelante —a partir de la Revolución Cubana, la canción protesta y las nuevas relaciones de clase— ha surgido lo que se llama *Nueva Trova* o *Nueva Canción,* con su balada nueva (de origen cubano). Todo ello significa un cambio de situación social entre los interlocutores internos del argumento del bolero.

Frente a los conflictos por amores no correspondidos y traicionados, en la *Balada nueva* predominan los amores adultos; es decir, los diálogos entre interlocutores que se deciden a finalizar sus relaciones amorosas. El nuevo discurso se acerca a la des-seducción, deconstrucción en todo caso, del juego erótico amoroso. Pero no creamos que el bolero es lo que el viento se llevó; responde en la actualidad a otras formas, discursos y códigos sobre la sexualidad y las relaciones amorosas. Son caligrafías con distintos grafitis en el cuerpo. La edad contemporánea desarrolla su lógica propia, lleva consigo una red de acontecimientos, de personajes, de voyerismo, de poética visual; impone su tono y su lenguaje. Éste es el proceso de los boleros *Decisión,* de José Luis Perales, y *Que te vaya bien,* de Alberto Monroig (uno de los más afamados nuevos compositores en Puerto Rico). El mismo recurso se percibe en *Fruta verde,* de Rafael Pérez Botisa; *Para vivir,* del cubano Pablo Milanés, y *Si tan solo un instante,* del puertorriqueño Alberto Carrión.

El actual *trobar clus* a veces contiene los enigmas del *homo ludens/foemina ludens* solucionados. Las desventuras del hombre presa de los caprichos de la mujer, imagen prisionera del voyerismo, van por vías divergentes, respondiendo a solicitaciones diversas. La mirada no lineal, ni fotográfica, que propone una introducción a un nuevo orden erótico, aparece en *Cabalgata,* de los brasileños Roberto y Erasmo Carlos, y *Hacerte venir,* de Amaury Pérez.

Supongo que todos reconocemos el gay saber del dominicano Juan Luis Guerra, que nos ha transformado en seres acuáticos con sus *Burbujas de amor:*

> *Quisiera ser un pez*
> *para tocar mi nariz en tu pecera*
> *y hacer burbujas de amor por*
> *dondequiera.*
> *pasar la noche en vela*
> *mojado en ti.*

Se juega con la polivalencia, con la humedad y el agua, que se transforma en maraña de caminos que se pueden recorrer para rendirle homenaje a Eros.

Y en Madrid, Alberto Pérez le añade otras inflexiones al camaleónico bolero. Y Tete Montoliú, que era todo música, cantó boleros en Barcelona, donde Teresa Pamies engatusó a su público con boleros durante años, en un programa de radio escuchadísimo, y como si fuera poco, ha publicado dos fabulosos libros en la editorial Empúries: *Amor clandestí* (1998) y *La vida amb cançó* (1999), donde el bolero es el personaje principal. Y, feliz en la cultura contemporánea, siempre enriquecido de noches y rondas, en España lo interpretan ahora Mónica Molina, Tamara Valcárcel (nieta del cantaor Rafael Farina y de la bailaora Fernanda Romero), que se estrena con el disco de boleros aflamencados *Gracias* (maravilloso), y se confiesa fan de Luis Miguel, y hasta las rockeras como Luz Casal, que en memorable película de Almodóvar entona *Piensa en mí*, y Miguel Bosé ha grabado clásicos, y los Beatles, y Plácido Domingo, y Alfredo Kraus, y en japonés, y en catalán. ¿Lenguaje popular? A mí que me registren…

El bolero se acerca siempre a las periferias, de fronteras móviles, es texto abierto, todo lo incorpora, todo lo devora como una boa constrictor. Música nacida aquende y allende el Atlántico (como hubiera dicho mi abuela), es un *mare nostrum,* un *golem,* la Biblioteca de Alejandría, un ancho río de citas y remisiones; muere y resucita, como Lázaro, «levántate y anda». Todo lo contamina, como un virus letal, es lo siniestro», el *alien* que como el *E. T.* nos hermana y humaniza, y fisgón, se entromete en todo, del burdel, a la casa burguesa, al cine. ¡Ay, ay! ¡Lo que le hizo a Bogart y a la Bergman!, y lo que supuso *Ansiedad,* cantada por Nat King Cole, que se prohibió en la España franquista. Pues, en excesos concéntricos siempre, en Puerto Rico el trío Voces de Puerto Rico retoma sutilezas para cantar boleros, y el poema de la gran poeta antillana Julia de Burgos (también interpretada por Lucecita), *Canción amarga*, con música de Rafael Scharrón Alicea, en combinatoria de danza y bolero.

### Si Marilyn hubiera cantado boleros…

Y sigamos: cine. *Casablanca* y muchos etcéteras. También Gracia Querejeta incluye boleros de María Grever en su apasionante film *Cuando vuelvas a mi lado*, pero ya antes estaba en las grandes películas dirigidas por el Indio Fernández en México, aquellas de María Bonita, y de Lara, y de Miroslava García… interminable… interminable… Si Marilyn hubiera cantado boleros en lugar de «Diamonds are a girl's best friend…», otro gallo cantaría…

Y mientras tanto, Lucecita Benítez, ese huracán de las pasiones, esa voz seductora que exhibe todos los objetos del deseo, y que ha aterciopelado el

*Lucecita Benítez.*

amor en Puerto Rico, las otras Antillas, el Caribe y Nueva York, lo ha convertido en pena, dolor, lamento, sollozo, con un repertorio de *Mujer sin tiempo* (título de un CD), con *Siempre, Tengo miedo de quedarme sin la luna…*; pues esta voz romboide, elíptica, encaracolada, se nos pasa al tango; su último CD *Canción de Buenos Aires* nos la lleva del tango a la milonga sentimental. Hablo de excesos siempre; en Colombia Charlie Za, y una agrupación llamada Los Trío (los tríos, resurgen, por ahora sin Panchos), como la trova vieja cubana en Puerto Rico (me dice que me dice Dámaris Otero-Torres).

También mi «jirafón», mi «gigantón» Joaquín Jarque me interpela: *re bip… re bip… taratara… tan… tan…* me cuenta este Homero, que en Puerto Rico Los Hispanos están de moda, y una canción de Guillermo Venegas, grabada con la orquesta de Tito Rodríguez, *Pena*, fue éxito en Venezuela, y están fabulosos en su arreglo de la vieja canción *Vereda tropical*, música de Gonzalo Curiel y letra de Juan Peso («Voy por la vereda tropical, la noche plena de inquietud»)... vicisitudes de eso que se llama la vida cotidiana rompió el grupo, y ahora reaparecieron Los Nuevos Hispanos, y se les une al grupo Tito Lara (¡ay... compañero de universidad, y gran cantante!)... la cuestión es que cambian de nombre, de cantantes, pero cantan... cantan... y lo último el disco *Passion*, que los pone en eso que se llama el Hit Parade. En España son conocidos por la feria de Sevilla en el '92, y sus actuaciones en la tele... son —dice mi Homero «gigantón» cinco décadas de éxitos. Y —aclaración— por aquellos lares —aclaro, la más grande de las pequeñas Antillas—, los boleristas se denominan «baladistas»... y el plus, el no va más, es Marc Anthony... que aunque niuyorkino, canta... canta... canta... con sabor a tierra. El emilio finaliza: te quiero mucho, enana, menina... anda que no tengo yo virgilios y homeros... y mercurios, y palas ateneos...

En Venezuela, que por los años de 1940 se había estremecido con la voz de Felipe Pirela y su éxito *Amor se escribe con llanto*, ahora —me cotillea Pedro Lange-Churión—, como en España, y el resto de América, Luis Miguel está de moda, ese joven mexicano que reencaucha los boleros de antaño *Te vas porque yo quiero que te vayas* y otros, ha provocado la conmoción. Reacentuación, claro, pero las novedades han desaparecido. ¿Será porque el arte amatorio no ha cambiado en un siglo pese la revolución sexual? La pregunta está abierta. Allí también —en esa tierra de Bolívar— José Luis Rodríguez, «El Puma», acursilado, ha sacado un CD de doble pista, en una las canciones de Los Panchos, en su voz de tenor posmodernista, de pura cita evidente. Otra que se ha dedicado a citar es la otrora revolucionaria Soledad Bravo, salsera durísima hoy en día. Juanca, como cariñosamente le dicen a Juan Gabriel por esas tierras de Bolívar, canta boleros, baladas y unas rancheras suavizadas, que tienen su toque de originalidad. Además serpentea una música que por lo general se rige por códigos heterosexuales —si bien, repito, al basarse en la ambivalencia del lenguaje, no se cantan siempre desde una posición masculina.

Juan Gabriel ha creado una especie de bolero gay, no tanto en las letras de sus canciones, que son iguales con pocas excepciones, sino en el contexto comunicativo: él mismo como emisor, y sus receptores... es un Liberace posmoderno con los fans de Bette Midler, Barbra Streisand o Liza Minnelli. De los salseros, Óscar de León, se baña en este ancho río de la cultura contemporánea, revalidando la mezcla desmadrada. Billo's Caracas Boys, sigue escuchándose. El sacerdote Cheo Feliciano ha sacado un disco (compacto)… y todavía se sienten las palabras de deseo —esa relación que simultáneamente une y separa— de un siglo de boleros de los Felipe Pirela, de los Chuchos, Luchos, majestades, emperatrices que saben, como el Alcibíades platónico —y los y las boleristas aguardentosas— que la verdad está en el vino. «Vino triste» o «vino alegre» no tiene otro motivo que ofrecerle al otro o a la otra, la ocasión de sucumbir.

En Argentina —y me conduce mi Virgilio Celia Pozzi—, primero y principal Luis Miguel con todo su repertorio a cuestas, luego una chica argentina muy joven que tiene un espectáculo en un teatro de la calle Corrientes: Cecilia Milone, «Entre tangos y boleros», y por último los viejos de siempre: el trío-constelación Los Panchos, Mario Clavel (argentino de 77 años), con todo el viejo e inolvidable repertorio, Dany Martin, Chico Novarro (con *Arráncame la vida*), los tríos «Los nocturnos» y «Los plateros», María Marta Serra Lima y los cinco latinos (argentina que divide su tiempo entre Miami y Buenos Aires). Todos actúan en los teatros y los cafés de moda, en competencia con el tango resurrecto, gracias a Tango Argentino, por un lado, y a Daniel Barenboim que lo han trasegado por el mundo estos últimos años. Lo demás es rock n'roll. Kiss kiss kiss (termina el emilio).

*Al mar*
*Espejo de mi corazón*
*Las veces que me ha visto llorar*
*La perfidia de tu amor…*

*La voz de las Américas*
*canta… canta… canta…*
*Inciso enmarañado de una bolerista*

Ella se llama ahora Api y canta boleros-de-dónde-son: Api tropical-tórri-da-trópico-de-cáncer-trópico-de-capricornio/heliótropa; Api trigueña-tristiges glutinosa/trigo álaga/trigo albarejo/trigo candeal/trigo aristado/trigo garzul/trigo moreno-del-género/color moreno-dorado. Y Api hacía sonar las *tes* y estiraba las *erres* en aquellas canciones tristes, abatidas, acongojadas, acontecidas, afligidas, agobiadas, alicaídas, aliquebradas, atribuladas, desoladas, dolidas, dolientes-elegías, llantos de mares, noches, ayer, mañana. Y venían a escucharla, a oírla cantar y callaba a los monstruos, acallaba a las fieras aquella

Orfeo-tropical-trigueña. Las estrellas como ella tenían nombre desde la Antigüedad: eran las 48 constelaciones del Almagesto hombre/mujer, animal, objeto, anfibio, reptil, *homo ludens* = Equino, Casiopea, Andrómeda, Dragón, Cráter, Libra, Hidra, Persea, Serpiente, Hércules, Orión, Pictor-*ut pictura poesis*. Tragaldabas, tres palitos de la canción del sistema ecuatorial coordinado con sus doce constelaciones cerca del eclíptico; Api era consternada cantante de BO-LE-ROS: Andrómeda de la tristeza.

*Api es leyenda milagrosa*
*y pulula en todos mis textos*

Agarro una vez más el volantín, y volvemos a las «mean streets» de Nueva York que ahora cantan salsa y boleros, y baladas amorosas en español y en spanglish: jóvenes, *tutti quanti*, escuchan a Marco Antonio o Marc Anthony, que, hala, también canta en inglés. Este nuyorican excepcional ha sido bautizado el nuevo Sinatra; es decir, el *crooner*. Inciso breve: Norteamérica anda en ritmos latinos —del bolero a la salsa, y claro Nueva York ya es «el pueblo más grande de Puerto Rico»—. *Cosas veredes…* Y como me dice mi amigo-testigo informado Arnaldo Cruz Malavé, a la hora precoital, Luis Miguel es un *must* para los despechos, desamores, ausencias, querencias y todo lo que va con el juego de seducción, o el contraste entre la atracción y la repulsión. Y *bip… bip… bip… ring… ring… ring…* según escribe y cuenta mi virgilio madrileño-andaluz, Ernesto Pérez Zúñiga, no debo dejar de lado al joven cubano Armando Garzón, «el ángel negro de la voz de terciopelo» (dice), que le añade una poesía especial a nuestro *farmakoón*, a esa *boa constrictor*, a esa *hidra de mil cabezas*, a ese *monstruo indestructible* que es el b o l e r o… y no le falta razón, escuchemos la selección que tengo en casete, de los dos primeros discos: *Boleros* y *Danzón*, con los grandes: «Sublime ilusión», «Reclamo místico», «Contigo en la distancia»…

*Amada mía… estoy…*

Otro grupo, Mecano, entona baladas sobre amores sáficos (que se decía a fin de siglo), y la mexicana Ana Gabriel también hace incursiones en las ambigüedades, y *revivals* y *revivals* de Lavoe, de la Lupe, y entonan y cantan los cubanísimos Ibrahim Ferrer y Omara Portuondo, famosos ya con la película *The Buena Vista Social Club*, de Wim Wenders. Ah… el Ibrahim… Dámaris me cuenta que canta *Perfume de gardenias* y los pelos se ponen de punta (o en puertorriqueño... se te para todo lo parable), y que con *Silencio* provoca orgasmos cósmicos. Sin aliento, atolondrados quedamos... pero eso sí... embriagados por la palabra de la seducción. Pero hay diferencias notables. El bolero *posmoderno* es nostalgia, repetición, y en gran medida artificio mercadotécnico... rescatado, pero mediático, como la cultura actual; los *hits* están preparados por el mercado... ¿no pasa igual con el libro? Ya todo aquel elemento del *film noir* ha perdido peso y vigor; el bolero se escribía con todo el diccionario amoroso, en profusión léxica, cada línea ha sido sopesada y limada con lenta probidad, y deja en la boca ese inequívoco sabor de que los sueños tejen buena parte de nuestra vida.

Desde el comienzo el bolero —ese que si muere una tarde, a la mañana siguiente resurge de sus cenizas (por citar de soslayo *Alcools* de Apollinaire)—, no hace sino repetir el mismo desvarío. Pone en comunicación la vida sexual con la vida afectiva, con la vida social, con la vida religiosa, con la cultura, en la medida en que saca la vida sexual de su gueto. Precoital, intercoital, o poscoital, puede ser el deseo en su ardor o el deseo en su crepúsculo (como la Albertine de Proust), incluso el peso de la muerte en el deseo. Ah... pero la inversión de amantes, la ambivalencia —aquello de androginia o bisexualidad, transexualismo o pura ambivalencia del lenguaje— escuchan ahora a Albita, diva cubana que reacentúa las boleristas «machas» y desgarradas, de sexualidad sospechosa (si es que la sexualidad no es siempre *sospechosa*); y sembrando la confusión se invoca a Eros, ese dios hijo de Poros y de Penía (o Penuria), es siempre pobre, indigente (como su madre), pero valiente, audaz, lleno de sabiduría y rico en recursos. Como su padre es hechicero y sofista, cuenta en *El banquete*, Diótima, la sacerdotisa de Mantinea. Alterna la vida y la muerte, y por indigente es ingenioso, y por más que sea del sexo masculino, Eros es hombre y mujer. Ya lo aventuré: bisexual, andrógino, travestido, ambivalente... la maraña y el velo.

*¿Y retomo la metafísica del bolero?, ¿su desconcierto barroco?*

Apolonia supo que una cantaba boleros «Béeessame, béeesssame mucho», y era jarocha y negra. Y otra de las Antillas (sobrevivió al ataque de corsarios y tratantes, y era descendiente de una esclava que murió en el combate contra el Almirante holandés Henrick), y la otra y la otra y la otra cantaba boleros y boleros y boleros. Y todas eran jarochas, mulatas, mestizas «Y tu abuela», con voces aterciopeladas, calidad de *eses* —Béesssame—. Voces de arroyos y torrentes que venían de las islas y del ancho Caribe, siempre envueltas en mares y olas. Voces de fragancia de guayaba, a veces con la acidez del tamarindo o la quenepa; voces de pulpas rojas y moradas —quenepa, guanábana—, con texturas de ébano o de caoba pulida. Voces de ávidos labios, de follajes verdes; voces estremecidas de algas y bosques mojados que cantaban siempre perfidias y celos y al mar en ininterrumpida enciclopedia de últimas noches y besos y siempre y nunca y no te olvido. Y todas nacieron en Veracruz, en el Ponce de la Plena, en mi viejo San Juan o en la habanera Habana. Toñas, Olguitas, Ruths, Lucecitas, Nachas, Elviras en metamorfosis de nombres que varían de dibujo, de color, pero no de tono. Cantan diarios amorosos en transposición directa y puntual del sentimiento; amores imposibles cuya esencia es la nunca consumada felicidad del siempre/nunca. El bolero es una superficie muy pulimentada de pasiones, mudanzas, fugacidades, celos y desengaños. Ceñido campo semántico-emotivo que contrasta el objeto del deseo con la imagen ideal y que rinde vasallaje al amor/pasión lanzándose contra las divinidades hostiles a la sutil y atormentada introspección que produce la ausencia. Amor/pasión, deseo/seducción. Peregrinas, palomas negras que martirizan al amante en penas y desesperos. Y ¿por qué no?, el bolero es una variante caribe de la casuística amorosa del petrarquismo poligonal en susurros obscenos silenciados. *Foto finish* de la simulación. El bolero tiene escudo de armas cuyo blasón señala su antigüedad. Es lo eterno femenino del calor, la brisa y las palmas.

No, no me pierdo, me deslizo por la metafísica, la fenomenología, la ontología y hasta la escatología del bolero, y su serpenteante camino por todos los discursos.

La Arcadia dulzona de los años de 1930 se convierte en terreno de juego verdadero, ligeramente cruel. La mirada, en abrazo lenticular —semejante a *l'école du regard* de Robbe-Grillet y Butor— que agrandan y presionan las emociones y la pantalla visual. Se perciben quizá definiciones irónicas, dificultades de relaciones en las sucesivas e inesperadas etapas de la seducción. A veces victorias gigantescas, otras ilusiones. Siempre la aventura amorosa que pone felicidad en las palabras y los gestos cotidianos.

Hay boleros que han saltado a los textos literarios en apariciones victoriosas. En la historia de esta escritura, la espiral más sutil de este juego de placer erótico es *Tres tristes tigres* (1965), de Guillermo Cabrera Infante, con su imagen–proyección de Freddy («Ella cantaba boleros»), legendaria figura de la canción romántica en Cuba. La seducción es también una modalidad, en las páginas de Carlos Monsiváis, *Amor perdido* (1975), título del bolero de Pedro Flores.

*Amor perdido*
  *si como dicen es cierto*
    *que vives dichoso sin mi...*

El texto cultural del bolero, con su imaginario sexual, salta a *Los cachorros*, de Mario Vargas Llosa, que relata una visita de Pérez Prado a Lima, mientras mezcla boleros, mambos y guarachas en el texto. Vuelve por fueros del bolero en *Quién mató a Palomino Molero* (1986), con referencias a *Dos almas* (repertorio de Don Fabián) y *La última noche* (de Bobby Collazo), y la melosa *Muñequita linda*. García Márquez se vale del truco de la nueva trova cubana en *La aventura de Miguel Littín, clandestino en Chile* (1986), para proyectar la violencia. A todo volumen, en autos blindados y por las calles, carabineros y revolucionarios escuchan boleros interpretados por Raúl Chú Moreno, Lucho Gatica, Hugo Romaní y Leo Marini. Arriba y abajo, entre asesinos y revolucionarios, el bolero interpela como texto cultural de relaciones amorosas.

El bolero es también el tema central de *Amor en Bahía* (1985), de Fernando Ayala Póveda, y la mexicana Ángeles Mastretta empleó el título de *Arráncame la vida* (1985), de Agustín Lara en voz siempre de Toña la Negra, apenas velada bajo el nombre de Toña Peregrino en el texto. En los momentos de mayor tensión la Toña cantante de boleros entona *Temor, Cenizas, La noche de anoche, Arráncame la vida*. La última novela del cubano Lisandro Otero, *Bolero* (1987), está centrada en la historia de Benny Moré. Algún bolero punteado incluye Luis Rafael Sánchez en *La importancia de llamarse Daniel Santos* (1989). Yo misma incluyo entre las aventuras que nos introducen a un nuevo orden fenoménico la metafísica del bolero en *El libro de Apolonia o de las islas* (1993), y en *El sueño del amor* (1998), también Zoé Valdés... y la lista es inacabable. Y la chilena Cecilia Vicuña juega con el bolero en *Sabor a mí* (1979), también la poeta peruana Rocío Silva Santisteban alude a «Boleros»; también Susana Thénon, argentina, se reconoció como actriz o cantante de boleros o tangos en *Ova completa*, y la venezolana Laura Antillano une la memoria con los sentidos en *Perfume de gardenias* (1980), y la cubano-puertorriqueña Mayra Montero en *La última noche que pasé contigo* (1991) titula cada capítulo de su novela con un bolero (*merci*

Zulema Moret por las acotaciones). Y en Nueva York se ha presentado la obra de teatro *El bolero fue mi ruina*, protagonizada por Jorge B. Merced, que escenifica la historia de la travesti asesina, cantante de boleros y relatora de historias de amor, el cuento del puertorriqueño *Loca de la locura*, de Manuel Ramos Otero, dirigida por Rosalba Rolón, del Teatro Pregones del Bronx. Todo un éxito, que muestra la historia del triunfo y la supervivencia de los personajes marginales. Así, entre boleros de Toña la Negra, Lucho Gatica y Myrta Silva, se va desgranando la historia... Y seguiremos... seguiremos, sí, pues éste es el cuento de nunca acabar. Todos gozamos *Piensa en mí* (de Agustín Lara) en *Tacones lejanos*, de Almodóvar. El bolero re-conquista España. ¿Será como kitsch? Nunca se sabe. Sí, es evidente que es un ave fénix... No es todo. En el secreto del bolero está la utopía de la sustancia desnuda. Y como el amor, es un discurso que habla mucho y no se agota.

*Noches de ronda...*
*Tú me acostumbraste...*

Así lo que es desafío, seducción y solicitud nunca entrará a los museos de cera. Es una mirada cartográfica que mira hacia afuera, pero también se concentra en el territorio familiar. Aporta un *saber.*

*Historia de un amor...*

El personaje, al anochecer, se pasea por la playa desierta y escribe nombres trazados en la arena, mientras recuerda, temeroso/temerosa de romper el encanto. La/el enamorado/a desearía poseer para siempre ese momento de seducción, pero la marea está subiendo, el tiempo pasa, y agua del mar cubrirá la arena y el encanto se habrá desvanecido. Sobre las nubes y la arena del mar había imágenes, un rostro, y flores, y prados y bosques, y templos, y volcanes y jeroglíficos de amores... y los músicos tañían cuerdas y los cuerpos se enlazaban aquí y allá, alrededor, dentro, fuera. Todo daba vueltas y se apresuraba la mirada antes que el sol se hundiera tras el mar...

> *el mar, espejo de mi corazón*
> *las veces que me ha visto llorar*
> *la perfidia de tu amor*

Así se completa la escala de posibilidades.

En este juego de los cuerpos, en este «trabajo del sueño», se figuran las imágenes interiores, con fuerza rítmica inmanente. Rimado, se somete a dos condiciones: a expresar su propio sentido y a multiplicar los interlocutores. Privilegia la posición del sujeto en su recorrido de letras y melodías de todas las formas circundantes, recorridas por incesantes seducciones. Toda posición se invierte, todo deseo se duplica. La figuración del cuerpo está ahí, sin la posibilidad de ausencia. El estado de desilusión desaparece y hace visibles unos recuerdos e invisibles otros. Instala el ritmo de la emergencia de figuras y de los secretos: hace flotar lo imaginario.

El bolero nos desliza lento... lento... por el conocimiento de lo inexplorado.

Es como si el hecho de representar el mundo sobre una superficie limitada —las palabras— lo retrogradase a microcosmos, remitiéndonos con la voz a la idea de un mundo más grande que contienen esas palabras y sus historias de amor. Las curvaturas de las palabras crean imágenes reales que el oyente considera efecto de prodigios. Son modos de soñar que estremecen los escenarios internos y provocan las identificaciones destinadas al goce. El bolero es un pensamiento erótico que se sueña a sí mismo.

Y reunamos los signos. Si unimos esta experiencia del amor en el pentagrama de las emociones a la historia de la sexualidad, a la historia del cuerpo y del erotismo, se revelan formas de vivir la propia dimensión humana. El paisaje amoroso se constituye mediante la repetición de ritos, siempre distintos y siempre el mismo; en la inquietud de esta erótica se recorren los callejones sin salida del deseo, se viven los esfuerzos del sujeto amoroso por comprender y definir el exceso. Se evocan los pensamientos y emociones que el cuerpo amado suscita.

A su vez, esta música popular se puede entender como la historia de los valores a los cuales se ha sacrificado a veces la propia vida, creyendo que este estado de felicidad era el valor absoluto. Guarda con estos valores una relación de recuerdo, de nostalgia, de culto quizás, de búsqueda, en cuanto ejercicio de mortalidad, es decir, discurso, que intensifica y enriquece. Busca la complicidad, la adhesión del oyente a dejarse seducir, es decir, a caer en la trampa de su propio deseo. Su artificio de la construcción cortés permite además resaltar que la exaltación ideal de la ideología del amor cortés apunta expresamente al carácter ético del erotismo, y las técnicas que lo inspiran, técnicas de la circunspección que sostienen el placer de desear. Digamos que en cuanto cuerpo discursivo, el bolero es una institución perversa que pone en escena una contrasociedad regida por Eros. Ése es, sin duda, su enigma de seducción.

> *Es la historia de un amor*
> *como no habrá otro igual...*
> *que me hizo comprender*
> *todo el bien y todo el mal...*

# *Epílogo:*

## DOBLE NOTA EPILOGAL CON ELIPSIS

EN 1987 LEÍ UN *collage* DE ESTE TEXTO en Puerto Rico, como conferencia inaugural, del Pen Club, que se tradujo al holandés en la revista del Pen Club de este país ese mismo año. El fragmento/*collage* se publicó en *Los Cuadernos del Norte, X,* núm. 55 (1989), que incluye una brevísima selección de la amplia antología que ahora ofrezco. En este número hay un artículo sobre el bolero en Puerto Rico de Gilbert Mamery, al cual remito.

*No quiero/ni puedo* poner punto final sin agradecer a unas cuantas personas el puñado de datos de los cuales dispongo. En primerísimo lugar a Rafael Rodríguez, mi incomparable conocedor de boleros; que hace ya años se me durmió para siempre; a Carmen Ramos (México), que, buena historiadora de ausencias, me ha facilitado y enviado libros, artículos y datos importantes; a Eneid Routté-Gómez (Puerto Rico), por parte del material gráfico; a Beatriz Garza Cuarón y a Irene Vázquez, del Colegio de México, que me brindaron la bibliografía sobre el bolero en México (que incluyo), además de fotocopias de libros; a Pedro Malavet-Vega de Ponce (Puerto Rico), que me ha facilitado textos, trabajos inéditos y su propio y estupendo texto; a Tito Henríquez, que ya se nos ha ido, cantante y compositor, que me aclaró problemas y nostalgias, y me regaló con generosidad su única copia de un cancionero, y a Raimundiña, que me prestó (y perdí) su ejemplar solitario de un cancionero de Roberto de Carlos; a Carola y a Mario González, que en Amsterdam compartieron conmigo discos antiguos de Toña la Negra y me ilustraron en el cuplé de la *Gatita Blanca.*

Debo dar las gracias a todos aquellos escritores, periodistas, emisoras de radio y televisión que acogieron con tanto entusiasmo la primera escritura de este libro en 1991: desde mi querida ausente Aurora de Albornoz (que escribió sobre él antes de haber sido publicado), a Juan Cueto, Manuel Vázquez Montalbán, e incluso los gruñones comentarios de Francisco Umbral, Teresa Pamies, y tantísimos otros, en España, Puerto Rico, México y Cuba. Últimamente debo una bella experiencia a Antonio Muñoz Molina: el convertirme en personaje de novela, como autora de un libro sobre el bolero, en su última novela, Carlota Fainberg. «Contigo aprendí…»

Y para esta segunda reescritura —insisto en que el texto no cesa de reescribirse— quiero expresar mi inmenso agradecimiento a mi Santa Claus y Los Tres Reyes Magos en una, la coleccionista de discos y directora de una emisora de radio, *El sonido latino de Barcelona*, Gladys Palmera, que con enorme e inusitada generosidad, me ha proporcionado material gráfico, información, libros, artículos, casetes, discos, siempre con una amplia sonrisa y con la celeridad de un rayo. Sin su generosidad este libro no se hubiera enriquecido tanto del material gráfico: ¡gracias!; a Enrique Romero que me ha dado el placer de escuchar verdaderas joyas de la colección *The Best of Latin Music*, o *Música del sol;* a mis virgilios y homeros por la geografía de las Américas y de Europa: Cusy —Mercurio— Pérez, Edgar —Palas Ateneo— Martínez-Masdeu, Joaquín Jarque (mi «jirafón» de la niñez) desde Puerto Rico, de donde proviene mi cordón umbilical; mi virgilio argentino Celia Pozzi; los boricuas, Dámaris Otero-Torres (mi sabia «brujita» particular), y el sapientísimo Arnaldo Cruz Malavet, que me ha mantenido informada desde los niuyores; Pedro Lange-Churión, mi «dioscóride» venezolano; en Barcelona a Víctor Girona, cuyo saber para navegar por Internet envidio, y a Juan Pedro… y a Zulema Moret, que me indicó textos donde el bolero es central; a esa gran editora y amiga, Cristina Fernández, que tanto me ha apoyado, a Ernesto Pérez Zúñiga que me insistió —y con razón— para que escuchara a Armando Garzón, a mi «pepito grillo» madrileño, César de Vicente Hernando, que ha movido tierra y cielo por buscarme información; en Holanda, a los grandes amigos Natalia Mewe-Fernández y a Max Mewe, que me han llenado de regalos con programas de radio dedicados a la música popular; en otro tenor, más personal, a Antonia Grau, ese «ángel guardián», cuyas manos han cuidado de mi cuerpo, y *last but not least,* a Amalia Rodríguez-Monroy, que sonriente o ceñuda, ha sido cómplice en esta aventura. Y a Ricardo Cantalapiedra (tan sapiente), que me acompañó una noche joyceana por las calles de Madrid a escuchar a Alberto Pérez (eruditísimo), y a filmar entre todos un vídeo. Que eso de convertirse en actriz de cine… no es poca cosa. Me hizo sentir de pronto la Marilyn morena, o la Irene Papas antillana… ¿qué tal?… o como dice Celia Pozzi, la María Félix del 2000. Y a Maite Colomar, con quien comparto pasión por el bolero en un programa de radio en Barcelona, donde se dice de todo…, a Eugenio Zabalía (coleccionista de Miami). Todos me han iluminado con su saber bolerístico, y uno a uno los voy mencionando en el texto. Y repito como un eco… todos los personajes que menciono, en este texto interminable, que no cesa de reescribirse, son *reales*, forman parte de mi niñez, de mi adolescencia y de mis nostalgias, en esta mi escritura donde entretejo, según mi hábito, rasgos autobiográficos. Todos ellos, mis nostalgias y mis mercurios, homeros y virgilios, son el soporte de este texto interminable, o, lo que llamaría Borges, los bibliotecarios de esta gran Babel personal que hospeda mis preferencias literarias, y tan diversa como la no saciada curiosidad que me ha inducido desde niña —con alegría— a la exploración de tantos lenguajes que expresan la anhelada  fábula del amor y su anverso, que el amor es una aventura en el mal.

# Bibliografía Consultada

*Álbum de oro.* 1976. *Jorge Negrete, Pedro Infante,* núm. 75.

Álvarez Coral, Juan. 1977. *Alberto Domínguez, autor de «Perfidia» y «Frenesí».* México: Sociedad de Autores y Compositores de Música.

—. 1979. *Ignacio Fernández Esperón, «Tata Nacho».* México: Sociedad de Autores y Compositores de Música.

Ampuero, Roberto. 1997. Boleros en la Habana. Barcelona: Planeta.

Arteaga, José. 1994. Música del Caribe. Colombia: Voluntad.

Barreira, Javier. 1985. *El tango.* Madrid: Júcar.

Betancourt, Enrique C. 1986. Apuntes para la historia. Radio, televisión y farándula de la Cuba de ayer. San Juan de Puerto Rico: Cubanacán.

Bobes, Marilyn. 1987. «Una voz de Cuba: Benny Moré». *Claridad* (Puerto Rico), 14, V:18.

Cabrera Infante, Guillermo. 1975. «Formas de poesía popular». En: O. Barcelona: Seix Barral, 129-147.

Campos Parsi, Héctor. 1976. Enciclopedia de Puerto Rico. Tomo VII. La música en Puerto Rico. San Juan.

*Cancionero.* 1978. El Banco de Ponce, Puerto Rico.

Castillo Zapata, Rafael. 1991. *Fenomenología del bolero.* Caracas: Monte Ávila.

Contreras, Félix. 1989. *Porque tiene filin.* Santiago de Cuba: Ed. Oriente.

Curet Alonso, Tite. 1987. «Un panorama de la música popular en Puerto Rico a partir de los años 30». *Revista Musical Puertorriqueña,* I:1, 14-19.

Díaz Ayala, Cristóbal. 1980. *Del areíto a la nueva trova: historia de la música popular cubana.* Puerto Rico.

—. 1987. «Feliz cumpleaños, bolero». *La canción popular. Revista* (Ponce, Puerto Rico), 2:2, 10-14.

—. 1987. «Apuntes sobre: la música popular en la literatura hisponamericana». *Exégesis* (Puerto Rico), I: 2, 43-45.

Díaz Ayala, Cristóbal. 1981. *Música cubana del areyto a la nueva trova*. 2.ª ed. San Juan de Puerto Rico: Cubanacán.

—. 1988. *Historia del pregón musical latinoamericano*. San Juan de Puerto Rico: Cubanacán.

Dueñas, Pablo. 1990. *Historia documental del bolero mexicano*. México: Asoc. Mexicana de Estudios Fonográficos.

Fernández Valdés, Olga. 1984. *A pura guitarra y tambor*. Santiago de Cuba: Ed. Oriente.

Foucault, M. 1970. *La arqueología del saber*. México: Siglo XXI.

Garrido, Juan S. 1981. *Historia de la música popular en México*. México: Ed. Extemporáneos (2.ª ed.).

Girard, René. 1961. *Mensonge romantique et verité romanesque*. París: Grasset.

Henríquez Díaz, Tito. 1986. «Fragmentos de unas memorias». *Revista del Instituto de Cultura Puertorriqueña*, XXV: 92-93, 3-12.

*Latin beat* (revista bilingüe). California. Gardena.

Loyola Fernández, José. 1996. *En ritmo de bolero*. Huracán/Ateneo de Puerto Rico.

—. 1997. *En ritmo de bolero: el bolero en la música bailable*. La Habana: Unión de Escritores y Artistas de Cuba.

—. 1997. *El ritmo del bolero…* La Habana: Ediciones Unión. 2.ª ed.

Magis, Carlos H. 1969. *La lírica popular contemporánea (España, México, Argentina)*. El Colegio de México: México.

Malavet-Vega, Pedro. 1983. *La vellonera está directa. Felipe Rodríguez (La Voz) y los años '50*. Puerto Rico.

—. 1987. «Agenda del futuro en la canción popular». *La Canción Popular*, II: 2, 43-47.

—. 1992. *Historia de la canción popular en Puerto Rico (1948-1998)*. Puerto Rico: Ponce.

Malcuzynski, M. Pierrete. 1993. «Para un monitoreo feminista de la cultura». *Feminaria*, VI/10: 16-20. Buenos Aires.

Mamery, Gilbert, ed. 1983. *La discoteca del recuerdo*. Banco Popular de Puerto Rico (cancionero ilustrado).

Monsiváis, Carlos. 1975. Amor perdido. México: Era.

—. 1976. *Días de guardar*. México: Era.

—. 1999. *56 boleros*. Barcelona: Mondadori.

Mora Bosch, Juan. 1987. «La música popular en Puerto Rico de 1900 a 1950». *La Canción Popular*, II: 2, 53-56.

Mújica, Héctor. 1987. «Bolero, simplemente bolero». *Claridad*, 15, V: 27-30.

Oliveira Taboada, Miguel. 1978. *Sensibilidad yucateca en la canción romántica*. T. I, Toluca: Gobierno del Estado de México.

Oemen, Ursula. 1975. «On some elements of poetic communication» (versión española en *Pragmática de la comunicación literaria*, ed. José Antonio Mayoral, Madrid: Arco-Libro 1987).

Orovio, Helio. 1981. *Diccionario de la música cubana, bibliográfico y técnico*. La Habana: Ed. Letras Cubanas. (Reedición 1993).

—. 1995. *El bolero latino*. La Habana: Editorial Letras Cubanos.

—. 1994. *El bolero cubano*. Santiago de Cuba: Editorial Oriente.

—. 1997. *300 boleros de oro*. La Habana: Editorial Letras Cubanas.

Pamies, Teresa. 1998. *Amor clandestí*. Barcelona: Empúries.

—. 1999. *La vida amb cançò. Cròniques radiofoniques*. Barcelona: Empúries.

Patiño, Darío Fernando. 1987. «El bolero: una bella forma de sufrir el amor». *La Canción Popular,* 11: 2, 21-27.

Rico Salazar, Jaime. 1988. Cien años de boleros, presentado. Colombia: Centro de Estudios musicales de Latinoamérica. 2.ª ed.

—. 1990. Cien años de boleros. Colombia: Centro Editorial de Estudios Musicales.

Restreppo, Duque. 1992. Lo que cuentan los boleros: la historia de 100 hermosos boleros, de sus compositores y de sus mejores intérpretes. Santafé de Bogotá: Centro Editorial de Estudios Musicales.

Rivera Martínez, Reynaldo. 1987. «El origen del Trío Los Panchos». La Canción Popular, II: 2, 60-61.

Rosal, M. Del. 1983. *Boleros*. México: Editores Mexicanos Unidos.

*Salsa cubana*. Cuba.

Salaún Serge. 1990. *El cuplé (1900-1936)*. Madrid: Espasa-Calpe.

Woll, H.L. 1980. *The Latin image in America Film*. University of California, Los Angeles.

Zavala, Iris M. 1995. «El bolero: el canto del deseo». *Anthropos*, núm. Esp. *Literatura popular. Conceptos, argumentos y temas.* 166/167: 104-108.

—. 1999. «La transculturación, la paradoja y el enigma». *Quimera*, 185 (nov. 1999): 58-66.

# *Bibliografía sobre el Bolero Mexicano**

COMO TODO LO QUE SE REFIERE A LA CULTURA popular, las posibles fuentes para el estudio del bolero mexicano se encuentran dispersas y son heterogéneas, tanto por su tratamiento como por los temas que abordan. Lo dicho anteriormente puede advertirse en la bibliografía que a continuación reflejo, en donde, por otra parte, sobresale la atención brindada al «músico-poeta».

1980. *Agustín. Reencuentro con lo sentimental.* México, Editorial Domés, 363 pp. (Eugenio Méndez, coordinador).
Contiene una presentación, un texto autobiográfico, diez artículos y 34 entrevistas.

ALCARAZ, José Antonio
1985. «Lara: la última fe de creencias que pasaron». *Proceso,* México, 1.ª parte, núm. 492, pp. 50 y 52; 2.ª parte, núm. 493, pp. 52, 54 y 55.
Análisis de la estructura musical de las canciones.

ÁLVAREZ CORAL, Juan
1977. *Alberto Domínguez, autor de Perfidia y Frenesí.* México, Sociedad de Autores y Compositores de Música, S. de A., 244 pp.
Contiene una introducción, una biografía, letra y música (línea melódica) de 46 canciones, además de otras 17 de las que sólo se consigna el texto.

1979a. *Alfonso Esparza Oteo.* México, Sociedad de Autores y Compositores de Música, S. de A., 72 pp.
Contiene una semblanza biográfica y la letra de 27 canciones.

---

* Preparada por Irene Vázquez.

1979b. *Gonzalo Curiel Barba*. México, Sociedad de Autores y Compositores de Música, S. de A., 72 pp.
Contiene una semblanza biográfica y la letra de 25 canciones.

1979c. *Ignacio Fernández Esperón, «Tata Nacho»*. México, Sociedad de Autores y Compositores de Música, S. de A., 72 pp.
A manera de prólogo se presenta un artículo de Salvador Novo; contiene además una semblanza biográfica y la letra de 21 canciones.

ARELLANO MARFILES, David
1978. *La canción mexicana*. México, Editorial Florencia, 2.ª ed., 60 pp. (Cancionero Daremar, núm. 3).
Contiene una breve historia de la canción mexicana, un comentario sobre su estructura musical, pequeñas biografías de compositores y la letra y armonizaciones para guitarra de 25 canciones.

AYALA, Roberto (supervisor)
1969. *Canciones y poemas de Agustín Lara. Colección completa*. México, Club de Discos Selecciones Orfeón, S. A., 318 pp.
Libro que complementa el álbum de discos *Azul, la bella época de Agustín Lara*. Contiene una semblanza biográfica redactada a partir de entrevistas con el compositor, la letra de 600 canciones y algunos textos poéticos en prosa.

CASTAÑEDA, Daniel
1941. *Balance de Agustín Lara. México*, Ediciones Libres, 235 pp.
Esta obra es la única que ha analizado seriamente las canciones de Lara, tanto desde el punto de vista de su contexto como del formal (letra y música).

CASTILLEJOS, Silvia
1987. *La internacional Sonora Santanera, biografía de un grupo musical*. México, Plaza y Janés, 242 pp.
Compuesto por una serie de reportajes y testimonios, el libro procura explicar el medio social de los músicos y sus seguidores.

CIVEIRA TABOADA, Miguel
1978. *Sensibilidad yucateca en la canción romántica*. Toluca, Gobierno del Estado de México, tomo I, xvi + 330 pp.; tomo II, pp. 331-683 (Serie Luis Coto, Colección de Arte Popular y Folklore).
Contiene información sobre el bolero cubano y su influencia en Yucatán; notas biográficas de poetas (letristas) y compositores; 600 partituras.

DALLAL, Alberto

1982. *El «Dancing» Mexicano*. México, Editorial Oasis, 207 páginas (Biblioteca de las Decisiones, 3).
Además de intentar una caracterización del «dancing», el autor comenta la vida, obra, intérpretes y repercusiones sociales de Agustín Lara.

FERNÁNDEZ VALDÉS, Olga

1984. *A pura guitarra y tambor.* Santiago de Cuba, Editorial Oriente, 62 pp.
Compilación de trabajos de la autora, publicados antes en la revista *Cuba Internacional;* todos ellos proporcionan el estilo, ambiente, personajes e historia de la primera época del bolero cubano.

GARRIDO, Juan S.

1979. *Mario Talavera Andrade*. México, Sociedad de Autores y Compositores de Música, S. de A., 72 pp.
Contiene una semblanza biográfica, la letra de 11 canciones y la lista de 41 composiciones.
1981. *Historia de la música popular en México*. México, Editorial Extemporáneos, 2.ª edición corregida y aumentada; 140 pp.
Contiene información ordenada en orden cronológico, entre otros, sobre los siguientes asuntos: biografías de compositores e intérpretes y sus composiciones de mayor éxito.

GEIJERSTAM, Claes de

1976. *Popular Music in Mexico*. Albuquerque, University of New Mexico Press, xiv + 187 pp.
Entre otros asuntos, el autor define el «bolero ranchera» y al bolero romántico, diferenciándolos, además, del bolero cubano. Asimismo, analiza la obra de compositores y comenta el estilo de algunos intérpretes.

LEACH, María (editora)

1972. *Funk & Wagnalls standard dictionary of folklore, mythology and legend*. New York, Funk & Wagnalls Inc., 1236 pp. (Entrada «bolero», p. 154).

LEON, Argeliers

1974. *Del canto y el tiempo*. La Habana, Instituto Cubano del Libro, Editorial Pueblo y Educación, 299 pp. (Colección Música).
Contiene un capítulo titulado «La canción y el bolero», en pp. 169-213.

MARÍA CONCEPCIÓN

1972. *Pepe Guizar, pintor musical de México*. México, Editores Asociados, 112 pp.

Relato novelado de la vida y obra del compositor; también consigna la letra de 37 canciones.

MORALES, Salvador

1981. *La música mexicana. Raíces, compositores e intérpretes.* México, Editorial Universo, 204 pp.

La tercera parte del libro (pp. 93-138) se titula: «Esplendor de la canción romántica»; la cuarta y quinta partes (pp. 139-201) las dedica básicamente al bolero. A través de todas las páginas mencionadas, el autor hace un recuento de datos biográficos, anécdotas y comentarios de intérpretes y compositores de boleros.

MORENO RIVAS, Yolanda (investigadora)

1979a. *El apogeo de la canción mexicana.* México, PROMEXA, 2 discos de 33 1/3 + 1 folleto de 22 pp. (disco segundo: «Los grandes tríos», de la colección *Historia ilustrada de la música popular mexicana,* álbum 3, disco 6).

1979b. *La época del músico poeta.* México, PROMEXA, 2 discos de 33 1/3 + 1 folleto de 22 pp. (disco primero: «Agustín Lara y sus intérpretes»; disco segundo: «Agustín Lara y sus contemporáneos», de la colección *Historia ilustrada de la música popular mexicana,* álbum 4, discos 7 y 8, respectivamente).

OROVIO, Helio

1981. *Diccionario de la música cubana, bibliográfico y técnico.* La Habana, Editorial Letras Cubanas, 442 pp.

Entradas: bolero cubano pp. 50-52; sexteto cubano, pp. 52-53; Elena Burke, pp. 69-70, Nicolás Camacho, pp. 72-73; canción cubana, pp. 73-74; Miguel Matamoros, pp. 241-243; Mariano Mercerón, p. 246; Benny Moré, pp. 251-253; José Sanches, p. 378; Ignacio Villa, p. 429.

OTERO, Lisandro

1986. *Bolero.* La Habana, Editorial Letras Cubanas, 253 pp.

El autor escribe, en forma de reportaje, sobre Esteban María Galán, quien se convirtiera en la década de los cuarenta en el máximo intérprete de ritmos populares, entre ellos el bolero.

REYES, Aurelio de los

1980. «Del Blanquita, del público y del género chico mexicano». *Diálogos,* México, núm. 92, pp. 29-32.

Interpretación personal sobre los asuntos aludidos en el título del artículo.

ROURA, Víctor

1984. *El viejo vals de la casa. Textos de periodismo musical.* Puebla, Universidad Autónoma de Puebla, 358 pp. Colección Extensión Universitaria, 3).

Reúne artículos periodísticos aparecidos entre 1980 y 1983.

En el capítulo titulado: «Olvidaba decir que te amo» (pp. 193-245) se comenta la vida artística de compositores e intérpretes del ámbito popular-urbano.

RUIZ RUEDA, Javier

1976. *Agustín Lara. Vida y pasiones.* México, Organización Editorial Novaro, 314 pp.

Amplia reseña de la vida, obra, viajes internacionales, éxitos y homenajes.

TAIBO I, Paco Ignacio

1984. *La música de Agustín Lara en el cine.* México, Universidad Nacional Autónoma de México, 83 pp. (Colección Filmografía Nacional 2).

Entre otras cosas comenta las canciones y presencia de Lara en el cine mexicano, sobre todo en el género llamado por el autor «de cabareteras».

# Antología. Cancionero

*Nota:* La sección antológica intenta reproducir una selección de los clásicos y de los boleros más recientes. De más está decir que, como toda selección, es hija de los gustos personales. La hemos dividido en varias partes, y hemos intentado precisar el nombre del autor. Nos hemos abstenido de aludir a los intérpretes, excepto en aquellos casos —Los Panchos— en que el bolero figura ante todo en su repertorio. Otros boleros —como los de Agustín Lara, Domínguez, Rafael Hernández, por ejemplo— figuran en el repertorio de las y los grandes intérpretes: Toña la Negra, Elvira Ríos, entre otros. El criterio de ordenación, en cada caso, ha sido alfabético. Finalmente, en los diversos cancioneros y discos que he consultado, a veces hay cambios de léxico, puntuación, género sexual, tiempos verbales fundamentales. Como no me propongo un estudio de las variantes o de los textos «fidedignos», he intentado unificar en lo posible las distintas variantes. Cabe insistir que, como todo discurso «oral», el bolero es susceptible a estos cambios.

# Inicios del Bolero

## LA CANCIÓN ROMÁNTICA

### PEREGRINA
*Ricardo Palmerín*

Peregrina de ojos claros
y divinos
y mejillas encendidas de arrebol
mujercita de los labios
purpurinos
y radiante cabellera como el sol.
Peregrina que dejaste tus lugares
los abetos y la nieve
y la nieve virginal,
y viniste a refugiarte en mis palmares
bajo el cielo de mi tierra
de mi tierra tropical.

Cuando dejes
mis palmares y mi tierra
peregrina del semblante
encantador
no te olvides
no te olvides de mi tierra
no te olvides
de mi amor.

# Boleros Clásicos

**ANGELITOS NEGROS**
*Andrés Eloy Blanco,*
*M. de Manuel Álvarez (Maciste)*
*Repertorio de Ruth Fernández,*
*Toña la Negra y de Machín*

Pintor nacido en mi tierra
con el pincel extranjero,
pintor que sigues el rumbo
de tantos pintores viejos.

Aunque la Virgen sea blanca
píntame angelitos negros,
que también se van al cielo
todos los negritos buenos.

Pintor, si pintas con amor
¿por qué desprecias su color,
si sabes que en el Cielo
también los quiere Dios?

Pintor, de santos de alcoba,
si tienes alma en el cuerpo,
¿por qué al pintar en tus cuadros
te olvidaste de los negros?

Siempre que pintas iglesias
pintas angelitos bellos,
pero nunca te acordaste
de pintar un ángel negro.

## BÉSAME MUCHO
*Consuelo Velázquez*

Bésame
bésame mucho
como si fuera esta noche
la última vez.
Bésame,
bésame mucho
que tengo miedo perderte
perderte otra vez.

Quiero tenerte muy cerca*
mirarme en tus ojos
verte junto a mí.
Piensa que tal vez mañana
yo ya estaré lejos
muy lejos de aquí.

Bésame,
bésame mucho.
Como si fuera esta noche
la última vez.
Bésame,
bésame mucho.
Que tengo miedo perderte
perderte después.

---

\* *Variante:*
Quiero mirarme en tus ojos
sentirte muy cerca,
verte sonreír.

**CENIZAS**
*Wello Rivas.*
*Repertorio de*
*Toña la Negra*

Después de tanto
soportar la pena
de sentir tu olvido,
después que todo
te lo dio mi pobre
corazón herido.

Has vuelto a verme
para que yo sepa
de tu desventura,
por la amargura
de un amor igual
al que me diste tú.

Ya no podré
ni perdonar ni darte
lo que tú me diste;
has de saber
que de un cariño muerto
no existe rencor.

Mas si pretendes
remover las ruinas
que tú misma hiciste,
sólo cenizas hallarás
de todo lo que fue
mi amor,
sólo cenizas hallarás
de todo lo que fue mi
amor.

## DESVELO DE AMOR
*Rafael Hernández*

Sufro mucho tu ausencia
no te lo niego,
yo no puedo vivir
si a mi lado no estás.

Dicen que soy cobarde,
que tengo miedo
de perder tu cariño,
de tus besos perder.

Yo comprendo que es mucho
lo que te quiero,
no puedo remediar
lo que voy a hacer.

Te juro que dormir casi no puedo,
mi vida es un martirio sin cesar.
Mirando tu retrato me consuelo,
vuelvo a dormir y vuelvo a despertar.

Dejo el lecho y me asomo a la ventana,
contemplo de la noche su esplendor;
me sorprende la luz de la mañana,
en mi loco desvelo por tu amor.

**DOS GARDENIAS**
*Isolina Carríllo.*
*Repertorio de Machín y*
*Daniel Santos*

Dos gardenias para ti,
con ellas quiero decir:
te quiero, te adoro, mi vida.
Ponles toda tu atención,
porque son tu corazón y el mío.
Dos gardenias para ti,
que tendrán todo el calor de un beso,
de esos besos que te di
y que jamás encontrarás
en el calor de otro querer.

A tu lado vivirán
y te hablarán
como cuando estás conmigo.
Y hasta creerás
que te dirán: te quiero.

Pero si un atardecer
las gardenias de mi amor
se mueren, es porque han adivinado
que tu amor se ha terminado
porque existe otro querer.

**FLORES NEGRAS**
*Sergio de Karlo*

Me hacen daño tus ojos,
me hacen daño tus manos,
me hacen daño tus labios
que saben fingir.
Y a mi sombra pregunto
si esos labios que adoro
en un beso sagrado
podrán mentir.

Y aunque viva prisionero,
en mi soledad mi alma te dirá,
te quiero...
Nuestros labios guardan flama
de un beso voraz que no olvidarás
mañana...
Flores negras del destino
nos apartan sin piedad,
pero el día vendrá en que seas
para mí nomás, nomás.

**FRENESÍ**
*Alberto Domínguez*

Bésame tú a mí,
bésame igual que mi boca te besó,
dame el frenesí
que mi locura te dio.

Quién si no fui yo
pudo enseñarte el camino del amor,
muerta mi altivez
cuando mi orgullo rodó a tus pies.

Quiero que vivas sólo para mí
y que tú vayas por donde yo voy,
Dame la luz que tiene tu mirar
bésame con frenesí.

Dame la luz que tiene tu mirar
y la ansiedad que entre tus labios vi,
esa locura de vivir y amar
que es más que amor: frenesí.

Hay en el beso que te di
alma, piedad, corazón;
dime que sabes tú sentir
lo mismo que siento yo.

Quiero que vivas sólo para mí
y que tú vayas por donde yo voy,
para que mi alma sea nomás de ti,
bésame con frenesí.

**PECADO**
*Manuel Esperón.*
*Repertorio de Los Panchos*

Yo no sé si es prohibido,
si no tiene perdón,
si me lleva al abismo,
sólo sé que es amor.

Yo no sé
si este amor es pecado
que tiene castigo
si es faltar
a las leyes honradas
del hombre y de Dios.

Sólo sé
que me aturde la vida
como un torbellino,
que me arrastra
y arrastra a tus brazos
con ciega pasión.

Es más fuerte que yo,
que mi vida,
mi credo y mi signo,
es más fuerte
que todo el respeto
y el miedo hacia Dios.

Aunque sea pecado,
te quiero, te quiero lo mismo,
porque a veces de tanto quererte
me olvido de Dios.

**PERFIDIA**
*Alberto Domínguez*

Nadie comprende lo que sufro yo
canto, pues ya no puedo sollozar,
solo temblando de ansiedad estoy
todos me miran y se van.

Mujer
si puedes tú con Dios hablar,
pregúntale si yo alguna vez
te he dejado de adorar.

Y el mar,
espejo de mi corazón,
las veces que me ha visto llorar
la perfidia de tu amor.

Te he buscado por doquiera que yo voy
y no te puedo hallar;
para qué quiero tus besos
si tus labios no me quieren ya besar.

Y tú, quién sabe por dónde andarás,
quién sabe qué aventura tendrás
qué lejos estás de mí.

## PERFUME DE GARDENIA

*Rafael Hernández.*
*Repertorio de Los Panchos*

Perfume de gardenia
tiene tu boca
bellísimos destellos
de luz en tu mirar.
Tu cuerpo es una rima
de alegres notas
se mecen tus cabellos
cual ondas de la mar.

Tu cuerpo es una copia
de Venus de Citeres
que envidian las mujeres
cuando te ven pasar.
Y llevas en tu alma
la virginal pureza
por eso es tu belleza
de un místico candor.

Perfume de gardenia
tiene tu boca
Perfume de gardenia
Perfume del amor.

*(bis)*

# Boleros y Canciones de María Grever

## CUANDO VUELVA A TU LADO

¿Recuerdas aquel beso
que en broma me negaste?
Se escapó de tus labios sin querer;
asustado por ello buscó abrigo
en la inmensa amargura de mi ser.

Cuando vuelva a tu lado
no me niegues tus besos,
el amor que te he dado
no podrás olvidar.

No me preguntes nada
que nada he de explicarte,
que el beso que negaste
ya no lo puedes dar.
Cuando vuelva a tu lado
y esté solo contigo,
las cosas que te digo
no repitas jamás,
por compasión.
Une tu labio al mío,
estréchame en tus brazos
y cuenta los latidos
de nuestro corazón.

## TE QUIERO, DIJISTE

Te quiero, dijiste tomando mis manos
entre tus manitas de blanco marfil,
y sentí en mi pecho un fuerte latido
después un suspiro y luego el chasquido
de un beso febril.

Muñequita linda, de cabellos de oro,
de dientes de perlas, labios de rubí,
dime si me quieres como yo te adoro,
si de mí te acuerdas como yo de ti.

Y a veces escucho un eco divino
que envuelto en la brisa parece decir:
Sí, te quiero mucho, mucho, mucho, mucho,
tanto como entonces, siempre hasta morir.

# Boleros de Agustín Lara

## ARRÁNCAME LA VIDA

En esta noche de frío
De duro cierzo invernal
Llegan hasta el cuarto mío
Las quejas del arrabal.

La canción que me pides
Te la voy a cantar
Yo la llevo escondida
Y te la voy a dar
Yo la llevo escondida
Escondida en el alma
Y te la voy a dar.

— Coro —

Arráncame la vida
Con el último beso de amor
Arráncala, toma mi corazón
Arráncame la vida
Y si acaso te hiere el dolor
Ha de ser por no verme
Porque al fin tus ojos
Me los llevo yo.

**ENAMORADA**
*Repertorio de Toña la Negra*

La palidez de una magnolia invade
tu rostro de mujer atormentada
y en tus divinos ojos verdes jade
se adivina que estás enamorada.

Dime si tu boca,
diminuto coral,
pequeñito parral
es para mí.
Habla de tus penas,
dime que tu dolor
es tan sólo de amor
y frenesí.
Dame tú el beso
que te cautivará,
rompiendo el bacará,
de tu tristeza.
Enamorada de lo imposible,
rosa que se marchitó.

## LÁGRIMAS DE SANGRE

Con lágrimas de sangre
pude escribir la historia
de este amor sacrosanto
que tú hiciste nacer.
Con lágrimas de sangre
pude comprar la gloria
y convertirla en versos
y ponerla a tus pies.

Yo que tuve tus manos
y tu boca y tu pelo
y la blanca tibieza
que derramaste en mí.

Hoy me desgarro el alma
como una fiera en celo,
y no sé lo que quiero
porque te quiero a ti.

## NOCHE DE RONDA

Noche de ronda, qué triste pasas,
qué triste cruzas por mi balcón,
noche de ronda, cómo me hieres,
cómo lastimas mi corazón.

Luna que se quiebra
sobre las tinieblas
de mi soledad,
¿adónde vas?
Dime si esta noche
tú te vas de ronda
como ella se fue.
¿Con quién está?

Dile que la quiero,
dile que me muero
de tanto esperar,
que vuelva ya,
que las rondas
no son buenas,
que hacen daño,
que dan pena
y se acaba
por llorar.

## PALABRAS DE MUJER

Palabras de mujer
que yo escuché cerca de ti,
junto de ti, muy quedo,
tan quedo como yo.
Las quiero repetir
para que tú igual que ayer
las digas sollozando,
palabras de mujer.

Aunque no quieras tú
ni quiera yo,
lo quiere Dios:
hasta la eternidad
te seguirá mi amor.
Como una sombra iré,
perfumaré tu inspiración
y junto a ti también
estaré en el dolor.

Aunque no quieras tú,
ni quiera yo,
lo quiere Dios.
Y hasta la eternidad
te seguirá mi amor.
Hasta en tus besos
me hallarás.
Hasta en el agua
y en el sol.
Aunque no quieras tú
ni quiera yo.

## PIENSA EN MÍ

Si tienes un hondo pesar,
piensa en mí;
si tienes ganas de llorar,
piensa en mí.
Ya ves que venero
tu imagen divina,
tu párvula boca,
que siendo tan niña
me enseñó a pecar.
Piensa en mí
cuando llores,
cuando beses,
también piensa en mí.
Cuando quieras
quitarme la vida,
no la quiero,
para nada,
para nada me sirve
sin ti.

**SOLAMENTE UNA VEZ**

Solamente una vez
amé en la vida,
solamente una vez
y nada más.
Solamente una vez
en mi huerto brilló
la esperanza
que alumbraba el camino
de mi soledad.
Solamente una vez
se entrega el alma
con la dulce y total
renunciación.
Y cuando ese milagro
realiza el prodigio
de amarte,
hay campanas de fiesta
que cantan en mi corazón.

# Los Grandes Éxitos

**AMAR Y VIVIR**
*Consuelo Velázquez.*
*Repertorio de Leo Marini*

¿Por qué no han de saber
que te amo, vida mía,
por qué no he de decirlo
si fundes tu alma
con el alma mía?

Qué importa si después
me ves llorando un día,
si acaso me preguntan,
diré que te quiero
mucho todavía.

Se vive solamente una vez,
hay que aprender a querer y a vivir
hay que saber que la vida se aleja
y nos deja llorando quimeras.
No quiero arrepentirme después
de lo que pudo haber sido y no fue,
quiero gozar esta vida
teniéndote cerca
de mí hasta que muera.

**AMOR EN LA CALLE**
*Repertorio de Los Panchos*

Amor de la calle
que vendes tus besos
a cambio de amor,
aunque tú no quieres,
que aunque tú lo esperes
no tarda en llegar.

No olvidas tu pena
bailando y tomando,
fingiendo reír
y el frío de la noche
castiga tu alma
y pierdes la fe.

Amor de la calle,
que buscando vas cariño,
con tu carita pintada,
con tu carita pintada,
con el corazón herido.

Si tuvieras un cariño,
un cariño verdadero,
tú serías tal vez distinta,
como igual a otras mujeres,
pero te han mentido tanto.

Cuando ya has vendido mucho,
vas llorando por la calle,
y si el mundo comprendiera,
pero no saben tu pena.

Amor de la calle,
que buscando vas cariño
con tu carita pintada,
con tu carita pintada,
y con el corazón herido.

## AMOR, QUÉ MALO ERES
*Luis Marquetti. Repertorio de*
*Los Tres Diamantes*

Te duele saber de mí,
amor, amor, qué malo eres;
quién iba a imaginar que una mentira
tuviera cabida en un madrigal.

No quieres saber quién soy,
después de darte lo que tienes;
ahora para ti soy vagabundo
que va por el mundo
como un criminal.

Por haber querido tanto
es mi desesperación;
la voz del corazón
llegará a tu conciencia
como una maldición.

Te duele saber de mí,
amor, ten cuidado con la vida;
las torres que en el cielo se creyeron,
un día cayeron en la humillación.

## ¡AY, AMOR! YA NO ME QUIERAS TANTO
*Rafael Hernández.*
*Repertorio de Los Panchos*

Yo siento en el alma
tener que decirte
que mi amor se extingue
como una pavesa
y poquito a poco
se queda sin luz.

Yo sé que te mueres
cual pálido cirio
y sé que me quieres,
que soy tu delirio
y que en esta vida
he sido tu cruz.

¡Ay, amor!, ya no me quieras tanto,
¡ay, amor!, no sufras más por mí.
Si nomás puedo causarte llanto,
¡ay, amor!, olvídate de mí.

Me da pena que sigas sufriendo
tu amor desesperado,
yo quisiera que tú te encontraras
de nuevo otro querer.

Otro ser que te brinde la dicha
que yo no te he brindado
y poder alejarme de ti,
para nunca más volver.

**CAMINEMOS**
*Alfredo Gil-Heriverto Martínez.*
*Repertorio de Los Panchos*

No, ya no debo pensar que te amé,
es preferible olvidar que sufrir;
no, no concibo que todo acabó,
que este sueño de amor terminó,
que la vida nos separó sin querer,
caminemos, tal vez nos veremos después.

Ésta es la ruta que estaba marcada,
sigo insistiendo en tu amor
que se perdió en la nada.

Y sigo caminando sin saber dónde llegar,
tal vez caminando
la vida nos vuelva a juntar.

## CONTIGO EN LA DISTANCIA
*César Portillo de la Luz.*
*Repertorio de Olga Guillot*

No existe un momento del día
en que pueda apartarme de ti,
el mundo parece distinto
cuando no estás junto a mí.

No hay bella melodía
en que no surjas tú,
y no quiero escucharla
si no la escuchas tú.

Es que te has convertido
en parte de mi alma,
ya nada me conforma
si no estás tú también.

Más allá de tus labios,
el sol y las estrellas
contigo a la distancia,
amada mía, estoy.

## DE MUJER A MUJER
*De Esteban Toronjí.*
*Repertorio de Toña la Negra*

Ella lo quiere
como yo lo adora,
las dos sufrimos
por una misma razón
por unos besos
que nos da su boca
que nos engaña
con negra traición.

Aunque su mano
que ella sí lo quiera
y lo prefiera casi
tanto como yo
sólo al pensarlo
mi alma se rebela
si no es mío
nunca de las dos.

De mujer a mujer
lo lucharemos
a ver quién vence
y así se queda
con su dulce querer.
Y si me logra vencer
en mi agonía
usar podría
de mis recursos
como tiene que ser.
Lo cojo en mis
brazos ardientes
con besos de muerte
lo estrecho
entre mis brazos
y lo hago sentir
que de mujer a mujer
lo lucharemos
y así triunfante
con él me quedo
de mujer a mujer.

## DIEZ MINUTOS MÁS
*Gabriel Ruiz*

Mira, no te vayas,
quédate un momento,
quédate conmigo,
tú no te me vas.

Pase lo que pase,
digan lo que digan,
tú me perteneces,
ésa es la verdad.

Quédate un ratito,
deja que te mire,
deja que mis manos
se llenen de ti.

Quiero que me beses
y que me acaricies,
quiero que te quedes,
quédate aquí.

Quédate un ratito,
quédate en mis brazos,
deja que te quiera,
déjate besar.

Quédate en mis ojos,
quédate en mis manos,
quédate un ratito,
diez minutos más... *(Bis.)*

### EL RELOJ
*Roberto Cantoral.*
*Repertorio de Lucho Gatica*

Reloj, no marques las horas
porque voy a enloquecer,
ella se irá para siempre
cuando amanezca otra vez.

Nomás nos queda esta noche
para vivir nuestro amor
y tu tic tac me recuerda
mi irremediable dolor.

Reloj, detén tu camino
porque mi vida se apaga,
ella es la estrella
que alumbra mi ser,
yo sin su amor no soy nadie.

Detén el tiempo en tus manos,
haz esta noche perpetua,
para que nunca se vaya de mí,
para que nunca amanezca.

## FRÍO EN EL ALMA
*Miguel Ángel Valladares*

Acaso fue castigo de Dios
que te fueras así,
para nunca más volver.

Frío en el alma
desde que tú te fuiste,
sombra de angustia
sobre mi corazón.

Qué loco empeño
de revivir las cosas
de un pasado ya muerto
del fantasma de ayer.

Frío en el alma
porque no estás conmigo,
pena que llevo
como una maldición.

Le he pedido a la Virgen
que tú vuelvas,
porque si tú no vuelves
me matará el dolor.

**HAY QUE SABER PERDER**
*Abel Domínguez*

Cuando un amor se va,
¡qué desesperación!
Cuando un cariño vuela,
nada consuela mi corazón.

Dan ganas de llorar,
no es fácil olvidar
al querer que nos deja
y que se aleja sin compasión.

No puedo comprender
qué cosa es el amor,
si lo que más quería,
si el alma mía me abandonó.

Pero no hay que llorar
hay que saber perder,
lo mismo pierde un hombre
que una mujer.

**HISTORIA DE UN AMOR**
*Carlos Almarán.*
*Repertorio de Los Panchos*
*y Libertad Lamarque*

Ya no estás a mi lado, corazón
en el alma sólo tengo soledad,
y si ya no puedo verte
porque Dios me hizo quererte
para hacerme sufrir más.

Siempre fuiste la razón de mi existir,
adorarte, para mí, fue religión,
y en tus besos yo encontraba
el calor que me brindaba
el amor y la pasión.

Es la historia de un amor
como no hay otro igual,
que me hizo comprender
todo el bien, todo el mal,
que le dio luz a mi vida,
apagándola después.
¡Ay! qué vida tan oscura,
sin tu amor no viviré.

**INOLVIDABLE**
*Julio Gutiérrez.*
*Repertorio de René Cabel*

En la vida hay amores
que nunca pueden olvidarse…
imborrables momentos que siempre
guarda el corazón,
porque aquello que un día nos hizo
temblar de alegría,
es mentira que hoy pueda olvidarse
por un nuevo amor.

He besado otras bocas
buscando nuevas ansiedades,
y otros brazos ajenos
me estrechan llenos de pasión,
pero sólo consiguen hacerme
recordar los tuyos,
que inolvidablemente
vivirán en mí.

## LA BARCA
*Roberto Cantoral*

Dicen que la distancia es el olvido
pero yo no concibo esa razón,
porque yo seguiré siendo cautivo
de los caprichos de tu corazón.
Supiste esclarecer mis pensamientos,
me diste la verdad que yo soñé,
ahuyentaste de mí los sufrimientos
en la primera noche que te amé.

Hoy mi playa se viste de amargura
porque tu barca tiene que partir
a surcar otros mares de locura,
cuida que no naufrague tu vivir.

Cuando la luz del sol se esté apagando
y te sientas cansada de vagar,
piensa que yo por ti estaré esperando
hasta que tú decidas regresar.

## LAMENTO BORINCANO
*Rafael Hernández*

Sale loco de contento
con su cargamento
para la ciudad. *(Bis.)*
Lleva en su cargamento
todo un mundo lleno
de felicidad. *(Bis.)*

Piensa remediar la situación,
del hogar que es toda su ilusión.
Y alegre el jibarito va
pensando así, diciendo así,
cantando así por el camino;
si yo vendo la carga, mi Dios querido,
un traje a mi viejita voy a comprar.

Y alegre también su yegua va,
sólo al sentir que en su cantar
se advierte sólo la alegría,
en eso le sorprende la luz del día
y llega al mercado de la ciudad.

Pasa la mañana entera
sin que nadie quiera
su carga comprar. *(Bis.)*
Todo, todo está desierto,
el pueblo está muerto
de necesidad. *(Bis.)*

Se oye este lamento por doquier
en mi desdichado Borinquen.
Y triste el jibarito va
pensando así, diciendo así,
llorando así por el camino:

Que será del Borinquen, mi Dios querido,
que será de mis hijos y mi hogar.
Borinquen, la tierra del edén,
la que al cantar el gran Gauthier,
llamó la perla de los mares,
ahora que tú te mueres con tus pesares,
déjame que te cante yo también.

**NO, NO Y NO**
*Arnulfo M. Vega.*
*Repertorio de Los Panchos*

Aunque me digas: te quiero,
aunque me llames: mi vida,
no, no y no, no te lo voy a creer.
Esas palabras tan dulces
puede que sean sinceras,
pero no, no y no, no te lo voy a creer.

Ya tú ves
cómo todo llega en esta vida,
yo prefiero una ilusión perdida
a que me vuelvas a engañar.

Una vez
me juraste que tú me querías
y recuerda tú bien, vida mía,
que te fuiste un día
y no volviste más.

Aunque me digas: te quiero,
aunque me llames: mi vida,
no, no y no, no te lo voy a creer.

**NOCTURNAL**
*José Mojica y J. Sabre Marroquín*

A través de las palmas
que duermen tranquilas
se arrulla la luna de plata
en el mar tropical,
y mis brazos se tienden hambrientos
en busca de ti.

En la noche un perfume de flores
evoca tu aliento embriagador
y el dulce besar de tu boca y mis labios
esperan sedientos un beso de ti.
Siento que estás junto a mí,
pero es mentira esa ilusión.

¡Ah!...
Y así paso las horas
y paso las noches,
pidiendo a la vida el milagro
de estar junto a ti,
y tal vez ni siquiera en tus sueños
te acuerdas de mí.

## NOSOTROS
*P. Junco, Jr.*

Atiéndeme,
quiero decirte algo
que quizás no esperas,
doloroso tal vez.

Escúchame,
que aunque me duela el alma,
yo necesito hablarte
y así lo haré.

Nosotros,
que fuimos tan sinceros,
que desde que nos vimos,
amándonos estamos.

Nosotros,
que del amor hicimos
un sol maravilloso,
romance tan divino.

Nosotros,
que nos queremos tanto,
debemos separarnos
no me preguntes más.

No es falta de cariño,
te quiero con el alma,
te juro que te adoro,
y en nombre de este amor
y por tu bien, te digo adiós.

**OLVÍDAME**
*Roberto Cole*

Olvídame,
yo bien sé que no puedes
volverme a querer,
aunque sé que me quieres
como a nadie has querido
y te quiero yo a ti
como a nadie querré.

Olvídame,
yo bien sé que no puedes,
no puedes quererme, olvídame,
aléjate, no le digas a nadie
que tú me quisiste y te adoré.

Prométeme
que aunque vivas muy lejos
siquiera mis besos recordarás,
que yo viviré, soñando con tus besos
y esos ojos que jamás besaré.

**PERDIDA**
*Chucho Navarro.*
*Repertorio de Los Panchos*

Perdida
te ha llamado la gente,
sin saber que has sufrido
con desesperación.

Vencida
quedaste tú en la vida
por no tener cariño
que te diera ilusión.
Perdida,
porque al fango rodaste
después que destrozaron
tu virtud y tu honor.

No importa
que te llamen perdida,
yo le daré a tu vida
que destrozó el engaño,
la verdad de mi amor,
mi amor.

**PRISIONERO DEL MAR**
*Luis Arcaraz y Cortázar*

Soy prisionero del ritmo del mar
de un deseo infinito de amar
y de tu corazón.

Voy a la playa tu amor a buscar
a la luz de la luna a cantar
mi desesperación.

Quiero llegarte a tener
en un amanecer
con quietud de cristal.

Quiero llegarte a querer
en un atardecer,
de inquietud tropical.
Ven mi cadena de amor a romper,
y quitarme la pena de ser
prisionero del mar.

## QUE TE VAYA BIEN
*Federico Baena*

No me importa que quieras a otro
y a mí me desprecies,
no me importa que solo me dejes
llorando tu amor.

Eres libre de amar en la vida
y yo no te culpo
si tu alma no supo querer
como te quise yo.

Sólo sé que es en vano pedirte
que vuelvas conmigo
porque sé que tú siempre has mentido
jurándome amor
y yo en cambio no quiero estorbarte
ni amargar tu vida.
Soy sincero y sabré perdonarte
sin guardar rencor.
No creas que siento despecho,
al ver que te alejas,
si me dejas por un nuevo amor;
te dejo también
y al fin con el tiempo el olvido
curará mis penas.

Sigue feliz tu camino
y que te vaya bien...
que te vaya bien...

**RAYITO DE LUNA**
*Chucho Navarro.*
*Repertorio de Los Panchos*

Como un rayito de luna
entre la selva dormida,
así la luz de tus ojos
ha iluminado mi pobre vida.
Tú diste luz al sendero
en mi noche sin fortuna,
iluminando mi cielo
como un rayito claro de luna.
Rayito de luna blanca
que iluminas mi camino
así es tu amor en mi vida
la verdad de mi destino.
Tú diste luz al sendero
en mi noche sin fortuna,
iluminando mi cielo
como un rayito claro de luna.

## SÉ MUY BIEN QUE VENDRÁS
*Antonio Núñez M.*

Nuevamente vendrás hacia mí,
yo te aseguro,
cuando nadie se acuerde de ti,
tú volverás.

Y otra vez hallarás en mi ser
el consuelo para tu dolor,
y otra vez volverá a renacer
nuestra felicidad.

Nuevamente vendrás hacia mí,
yo te aseguro,
cuando nadie se acuerde de ti,
tú volverás.
Cuando estés convencida
que nadie en el mundo
te pueda querer como yo,
tú vendrás a buscarme,
sé muy bien que vendrás.

**SIN UN AMOR**
*Chucho Navarro.*
*Repertorio de Los Panchos*

Sin un amor
la vida no se llama vida,
sin un amor
le falta fuerza al corazón.

Sin un amor
el alma muere derrotada,
desesperada en el dolor,
sacrificada sin razón,
sin un amor no hay salvación.

No me dejes de querer,
te pido,
no te vayas a ganar
mi olvido.

Sin un amor
el alma muere derrotada,
desesperada en el dolor,
sacrificada sin razón,
sin un amor no hay salvación.

**SOLLOZO**
*Tito Henríquez*

El dolor de dejarte y tener
que partir, me tiene
sollozando por ti
y dejarte, mi amor, me duele...

Yo quisiera partir
sin tener que mirar tus ojos,
es inútil, mi amor,
de pensarlo no más, sollozo.

Y pensar que tus ojos que hoy
sollozando me dejan,
son los mismos que ayer
separaron de mí tantas penas.

Y quisiera partir sin tener
que mirar tus ojos,
es inútil, mi amor,
de pensarlo no más, sollozo.

**TODA UNA VIDA**
*Oswaldo Farrés.*
*Repertorio de Pedro Vargas*

Toda una vida
me estaría contigo,
no me importa en qué forma,
ni cómo, ni cuándo
pero junto a ti.

Toda una vida
te estaría mimando
te estaría cuidando
como cuido mi vida
que la vivo por ti.

No me cansaría
de decirte siempre,
pero siempre, siempre
que eres en mi vida
ansiedad, angustia,
desesperación.

Toda una vida
me estaría contigo,
no me importa en qué forma,
ni cómo ni cuándo
pero junto a ti.

**UN SIGLO DE AUSENCIA**
*Repertorio de Los Panchos*

Un siglo de ausencia
voy sufriendo por ti
y una amarga impaciencia
me ocasiona vivir.

Tan separado de ti,
pensar
que no he de verte otra vez.

Decir
que soy feliz sin tu amor,
llorar con mi dolor.

La vida inclemente
te separa de mí
y un siglo de ausencia
voy sufriendo por ti.


En la multitud busco los ojos
y no logro hallar en otros labios
la ilusión que ya perdí.
La vida inclemente, etc.

**UNA AVENTURA MÁS**
*Repertorio de Los Panchos*

Yo sé que soy
una aventura más para ti,
que después de esta noche
te olvidarás de mí.
Yo sé que soy
una ilusión fugaz para ti,
un capricho del alma
que hoy te acerca a mí.

Aunque me beses con loca pasión
y yo te bese feliz,
con la aurora que llega,
muere mi corazón por ti.
Yo sé que soy
una aventura más para ti,
que después de esta noche,
te olvidarás de mí.

## USTED
*Gabriel Ruiz*

Usted es la culpable
de todas mis angustias
y todos mis quebrantos.

Usted llenó mi vida
de dulces inquietudes
y amargos desencantos.

Su amor es como un grito
que llevo aquí en mi sangre
y aquí en mi corazón
y soy, aunque no quiera,
esclavo de sus ojos,
juguete de su amor.

No juegue con mis penas
ni con mis sentimientos,
que es lo único que tengo.

Usted es mi esperanza,
mi última esperanza,
comprenda de una vez.

Usted me desespera,
me mata, me enloquece
y hasta la vida diera
por vencer el miedo
de besarla a usted.

ACABÓSE DE IMPRIMIR ESTE LIBRO EL 30 DE
ABRIL DEL AÑO 2000. SOLAMENTE
UNA VEZ SE ENTREGÓ EL ALMA
CON ESTA DULCE Y TOTAL
RENUNCIACIÓN.